DE L'INTIME

Loin du bruyant Amour

FRANÇOIS JULLIEN

De l'intime

Loin du bruyant Amour

GRASSET

Ouvrage publié sous la direction de Jean-Paul Enthoven.

© Éditions Grasset & Fasquelle, 2013.
ISBN : 978-2-253-15653-6 – 1re publication LGF

À celle qui s'y reconnaît

Quelle mutation s'est-elle donc imposée dans mon travail ? Car cet essai m'est venu avec la même nécessité que les précédents – ou même encore plus forte. J'y suis un fil ou peut-être un filon que j'avais commencé d'envisager par divers bouts et de divers côtés, à partir des questions du « temps », du « négatif », comme de la critique de l'idée du « bonheur », et qui, chaque fois, m'a reconduit plus au bord : autour de ce puits que j'ai nommé, depuis, globalement le « vivre ». De ma Philosophie du vivre *(Gallimard, 2011), cet essai est le tome II : qu'est-ce que vivre par et dans son rapport à l'« Autre » ? C'est ce que j'essaye d'approcher ici en sondant ce que j'appellerai la* ressource *de l'« intime ». Mais aborder cette chose si singulière qu'est l'*intime *n'impliquera-t-il pas de « philosopher autrement » ? Car l'intime ne désigne-t-il pas précisément ce qui résiste le plus à l'abstraction et donc au concept ?*

Mais « la Chine », me demande-t-on, on ne l'y trouvera plus ? (« Vous n'êtes plus sinologue », etc.). La Chine y travaille encore, non plus thématiquement, mais souterrainement : comme point de retrait et d'appui. Pour oser davantage, peut-être. En tout cas, je ne me contenterai plus de répondre ici, une fois de plus, que, en faisant jouer des écarts entre pensées qui se sont si longtemps ignorées, on peut remettre à distance les références culturelles qui sont les nôtres, en Europe, pour les relire de ce dehors et par contraste, à la fois de plus loin et de plus près – ce qui n'est pas « comparer ». Mais j'insisterai désormais davantage sur cette nécessité dans laquelle nous nous trouvons, aujourd'hui où l'Europe se défait, mais où ses catégories mentales, non pas tant unifient que standardisent le monde entier : la nécessité de repenser l'inventivité de la culture européenne et d'abord d'en mesurer l'historicité. Ce dont l'apparition de l'intime servira ici de révélateur. Il faut en effet sauver le monde de la pensée ennuyeuse prenant l'uniforme pour de l'universel. Mais, pour cela, il faut se donner une prise oblique sur notre « impensée ». Notamment revenir sur ce que, dans notre pensée, nous avons si bien admis, dont nous avons si bien enfoui les partis pris, que nous le prenons pour de l'évidence et ne le pensons plus – que nous ne pensons plus à le penser.

Or tel est bien « l'Amour », grand mythe de l'Occident s'il en est. Mais, de ce mythe, comment sortir ? Comment non pas tant s'en « libérer » que s'en désenliser ?

Aussi ne s'agira-t-il pas là d'une entreprise purement spéculative. Mais bien de découvrir plus à vif, à neuf, notre expérience et peut-être d'en développer un possible laissé encore trop en friche. En tout cas, de l'aborder à la fois plus à nu et moins démunis : à travers moins de filtres culturels, puisque faisant contraster les lieux et les temps ; ainsi qu'en acquérant plus d'outil conceptuel, celui-ci étant forgé à plusieurs feux pour s'en saisir. Il s'agira, en somme, en défaisant de biais – car comment l'attaquer de front ? – ce grand *thème si bruyant de « l'Amour », lui qui a monopolisé notre pensée de l'Autre en Occident, de penser à nouveaux frais, suivant le fil discret de l'intime, comment vivre à deux ; et, à partir de là, de songer comment en faire un point de départ de la morale.*

I – En train, en camp

1. 10 mai 1940. L'histoire fatalement est simple.

Un homme, sa femme, sa fille, prennent le train, une valise à la main. Comme tous les autres, en foule ou plutôt en troupeau. Ils quittent leur petite ville du nord de la France.

À la gare, l'exode est massif. D'un côté sont regroupés les hommes, de l'autre les femmes et les enfants. Au hasard des aiguillages, au fil des manœuvres, dans le chaos des ordres et des contrordres, le train est coupé en deux. L'homme se retrouve seul dans un wagon bondé (l'histoire est dans Simenon, *Le train*).

Il y a là une femme seule, elle aussi, sans bagage – on ne sait ni où ni comment elle est montée dans ce wagon. Un regard s'arrêtant sur elle, quelques bribes de paroles échangées et d'abord une bouteille vide ramassée par terre et qu'il lui tend pour qu'elle la remplisse d'eau à un arrêt : peu à peu, d'instant en instant, prudemment, reptilement, ils se rapprochent. Il apprendra d'elle seulement qu'elle sort de prison, partie à la hâte le matin même avec les autres, sans avoir eu le temps de rien emporter. Il n'en connaîtra pas davantage. Attente. On ne sait où l'on va. Le train s'arrête, repart, on ne sait toujours pas où l'on va; plusieurs fois le train est bombardé. Mais il repart. De petites gares inconnues défilent. Puis, quand vient la nuit, à chacun, dans le wagon surpeuplé, de se faire un coin pour dormir: campement sordide – la scène est de tous les exodes. Promiscuité étouffante des corps entassés; et néanmoins un début de vie s'organise. Lui s'allonge à côté d'elle. Dans la nuit, il se renverse sur elle; d'un geste net, non brutal, elle consentante, il la pénètre.

Il y a pénétration d'un corps dans l'autre pour ouvrir là, planter là, au milieu de tous ces corps étrangers, dans cet étrange dortoir ambulant et menacé, dans ce lieu d'impudeur où ils sont bestialement parqués, quelque chose qui en soit l'envers: quelque chose comme une intimité. Ou ce que je voudrais appeler, plus justement, la *ressource de l'intime*: ouvrir de l'intime entre eux deux comme puissance et comme résistance – les seules qui restent? Car dans quelle mesure y a-t-il eu effectivement désir? Il en a bien fallu pour que l'acte ait lieu, mais l'important n'est pas là. Car que peut-il y avoir encore là de proprement « érotique »? Ce qui désormais est devenu primordial ou, disons mieux, devenu vital, devenu crucial, dans cette déroute qui commence, dans cet Exode dont nul ne sait où il mène ni quand il pourra s'arrêter, c'est que ce Dehors dans lequel ils dérivent puisse se retourner en dedans partagé. Ils ont promu là, entre eux deux, un dedans secret où se réfugier contre cet Extérieur en débâcle, assiégeant, menaçant, dans lequel ils sont entraînés.

Car ils ne peuvent se réfugier nulle part, et pas plus en eux-mêmes, chacun pour soi: ne serait-ce pas alors plutôt l'angoisse? Ils ne peuvent trouver refuge qu'à eux

deux, en eux deux ou plutôt *entre* eux deux : en ouvrant
entre eux cet espace intime où s'abriter. Comme sous
un dais invisible dont ils se recouvriraient. Car la promiscuité à l'intérieur du wagon où chacun est sous le
regard et au contact de tous, où toute vie privée est sup-
primée, est un dehors encore plus insupportable, parce
que plus immédiat, que l'autre. Face à quoi, contre-
disant ce Dehors imposé, cette violence ou plutôt ce
viol continu auxquels la situation les soumet, le geste
de pénétration prend sa revanche. Discrètement mais
résolument. Il n'est pas que l'expression, en effet,
d'un sauve-qui-peut, face à la faillite, ni non plus l'ultime jouissance dérobée avant que n'éclate le déluge,
comme si, dans un monde courant à sa perte, la libido
tombait sur le premier objet venu et s'en contentait.
Non, il s'agit plutôt de sceller là l'alliance, de s'affirmer
(de s'éprouver), dans la chair, solidaires et coalisés.

Dans ce monde sans plus la moindre entente intérieure, totalement passé sous la coupe du Dehors, cet
acte, à lui seul, restaure du *dedans* et l'exige. Autant
dire que ce geste de pénétration vaut rébellion : d'un
commun accord mais tacite – qu'auraient-ils de plus
à se dire ? – ils décident d'ouvrir dans ce Dehors un
« plus dedans » où se retirer : où se récupérer. Ils ne le
peuvent qu'à deux. Parmi ces corps entassés, dans la
saleté qui commence, ce geste qui paraîtrait d'abord
improbable, ou dû seulement à une pulsion soudaine,
exprime en fait un parti pris logique. Dans ce monde
en déréliction, il vaut arrêt. Alors que tout désormais
est devenu vacillant et menacé, que plus rien ne dépend
de soi, que ne vaut plus aucun droit, que de tout on est
déproprié, il s'agit de retourner cet Exode, ce « chemin

du dehors», en son contraire : de renverser cet Exil et
de le défier. Tel est le pouvoir de l'«intime», dont ils
découvrent entre eux deux le chemin d'accès.

Comme souvent, bien sûr, l'acte a précédé la pensée :
il faudra plusieurs jours pour que cet intime se creuse,
se fore entre eux – entre eux tels deux enfants sur la
plage creusant à quatre mains, assidûment, une cavité
où l'eau de la mer vient enfin s'étaler. Il y a certes du
désir qui plane, rôde et revient. Mais celui-ci ne semble
qu'un adjuvant, quelque chose qui est plus un prétexte,
ou disons un appui, qu'une cause ou motivation véritable. En tout cas se voit-il dépassé – entraîné – par
bien autre chose. Alors que ce dehors inconnu de l'exil
ne cesse, d'une halte à l'autre, de se renouveler, que
la pression des autres et des événements tarde tant
à faire relâche, voici que, de jour en jour, de gare en
gare, d'un centre d'accueil au suivant, sur cette mer de
vicissitudes où l'on ne cesse de repartir pour encore et
encore accoster, ils promènent, de plus en plus indifférents au Déluge, leur petite barque, esquif invisible,
sur laquelle ils sont montés. Dans le dernier camp
d'hébergement, ils répètent, mais plus systématiquement, comme déjà des habitués, leur rituel d'une vie
en aparté et sauvée du grand déferlement. Quand il la
sait nue sous sa robe après la lessive, il s'agit de plus,
de l'un à l'autre, que d'un regard complice ou s'amusant
à narguer. Vis-à-vis du monde, de ce tout qui menace,
ces regards qui s'échangent sont un rempart, ils parent
à tout événement.

2. Car d'emblée cet intime qui s'établit entre eux a neu-
tralisé au moins deux choses. La question de la fidélité

(à sa femme séparée), d'une part, ne se pose plus; ou plutôt elle n'a plus à se poser. Elle n'a de sens que pour les autres: il se trouve toujours là, bien sûr, quelqu'un qui ricane; pour eux, elle est annulée. Ils sont passés au-delà. Cet intime dans lequel très tôt ils glissent – se glissent – pour se sauver et puis que progressivement ils choisissent, dans lequel ils s'engagent, n'est concurrent ou rival de rien, car comparable à rien. Même quand il commence à s'installer dans la durée et que revient l'ordinaire, qu'il devient sédentaire, cet intime n'a rien à voir avec la vie de ménage, ses calculs, ses pressions, tensions et rapports de force, et ses plans projetés. Lui va tous les jours au bureau de renseignements demander des nouvelles des siens et elle l'accompagne, fidèle, dans ces démarches. « Sa femme », donc, il ne la « trahit » pas. La sempiternelle affaire des passions et des exclusions, de la jalousie ou de la rivalité, s'en trouve d'entrée expulsée.

D'autre part, cet intime qui s'instaure entre eux dépasse – ou plutôt enjambe, laisse de côté – la curiosité qu'ils pourraient nourrir à bon droit l'un envers l'autre. Car ils ne savent quasiment rien l'un de l'autre: seulement qu'elle sort de prison et n'a pas d'argent; qu'il est marié et que sa femme attend un second enfant. Il est tôt clair qu'elle a besoin d'un secours. Mais est-elle juive? Est-elle étrangère? Serait-elle même une espionne? Or, pendant ces mois de déréliction, il ne cherchera pas à en savoir davantage. Ils ne se questionnent pas. Non par indifférence, mais parce que l'intime va de pair avec le discret et qu'il est d'un autre ordre: il ne porte pas nécessairement à tout dire ou seulement à se confier. Jamais au cours de ces heures si longues, de tous ces temps d'attente, ils ne se mettent à raconter leur histoire, à «causer». À quoi cela leur servirait-il? Ils se contentent de rester côte à côte, parfois de se prendre la main; ils regardent ensemble, à deux, la mer, l'eau qui clapote, les bateaux qui sortent du port. Cet intime dont ils ont fait un pacte dispense de tout bavardage ou plutôt le défait. Il laisse celui-ci tellement en arrière.

3. Parfois il lui dit: «je t'aime». Rien de plus d'ailleurs. Mais alors elle lui met le doigt sur la bouche et lui dit: «chut». Elle n'embraye pas sur ce thème trop facile. Ce mot collé là telle une étiquette est, en effet, comme incongru. Non qu'on puisse le soupçonner de ne pas être sincère, mais il est, de façon étrange, à la fois exagéré et réducteur. Non seulement il n'apporte rien, mais il est quelque peu ampoulé et déjà mystificateur. Il semble lâché là comme si l'on voulait se débarrasser de ce que cette situation a de plus déroutant, mais aussi de plus exigeant, et qu'on tâchait de se mettre à couvert, pour se rassurer, du repérage que ce mot fixe. Car ils sentent bien que, quand ce mot arrive, fatalement c'est comme s'ils posaient. Ne se trouvent-ils pas côte à côte, en effet, parce qu'ils ont été charriés là par l'Histoire, emportés dans la même pelletée? Ils ne se sont pas séduits et même ils ne se sont pas choisis. Ce mot donc ne peut rien ajouter et même il dissimule l'essentiel sous sa commodité: qu'ils font cause commune et se tiennent ensemble l'un par l'autre, branchés qu'ils sont désormais l'un sur l'autre, au fil des jours et des menaces, dans ce retrait partagé, et ce pour des raisons qui, parce qu'elles sont élémentaires, les plus foncières, dépassent tout ce qu'on pourrait en rapporter.

Certes, elle, sans le moindre argent, sans papiers, n'a d'autre moyen de survivre que celui de le suivre comme un chien fidèle. Certes aussi il trouve enfin en elle un mystère dans lequel s'enfoncer, celui-là même que, dans sa vie de couple, il n'a pas connu ni même seulement imaginé. On pourra donc donner à leur rapprochement toutes les justifications qu'on veut, les trouver l'un et l'autre intéressés à ce rapport, mais ces raisons, ces soupçons, en fait, sont sans importance : ils n'entament en rien, ne rongent en rien ce socle ou fonds d'entente qu'ils se sont érigé à deux, dans ce monde en déréliction, et comme si c'était pour l'éternité. Alors qu'ils savent que, dans peu de jours, on ne sait quand, peut-être au prochain arrêt, ils seront séparés. Car soudain quelque chose se trouve à leur portée, quelque chose se découvre à eux, *entre* eux, par cette ouverture de l'intime, qui n'a plus rien à voir avec cet ordre des choses. Eux qui auraient tant de bonnes raisons de se plaindre (Simenon a d'ailleurs le bon goût de ne pas forcer ce tableau du malheur), du seul fait qu'ils se rangent ainsi côte à côte, du même côté, du seul fait qu'ils sont devenus connivents et n'ont même plus vraiment besoin de se parler (ou s'ils sont gênés de n'avoir rien à se dire, c'est encore par pudeur et par habitude), ils touchent enfin à l'inouï d'*exister*. Ce qui, pour une fois, dans la littérature – et c'est à quoi servait tout le dénuement précédent – est noté là sans pathos : « ainsi avons-nous passé trois heures dans une gare minuscule à côté d'une auberge peinte en rose [...]. Si je devais décrire l'endroit, je ne pourrais parler que des taches d'ombre et de soleil, du rose du jour, du vert de la vigne et des groseilliers [...] et je me demande si, ce jour-là, je ne suis pas allé aussi près que possible du bonheur parfait».

Dans ce monde qui bascule, en plein renversement, l'intime à son tour, en riposte, renverse et fait basculer. De ce que, dans cet exode forcé, ils ont fait tomber toute frontière entre eux ; de ce qu'ils se sont mis du même côté face au Dehors du monde et de la vie errante, de ce qu'ils restent côte à côte, à éprouver, à regarder, ils se trouvent, dira-t-on, «sur un nuage» – l'expression familière est juste. Au sein de cette totale dépendance, ils peuvent à deux retrouver une indépendance : supprimant la distance entre eux, ils peuvent remettre ce monde à distance – le pourraient-ils autrement ? Ce frêle et petit nuage est bien emporté par le vent de l'Histoire, ballotté par les événements ; mais, de ce qu'ils éprouvent cela *à deux*, ils en sont légers, rendus alertes, au lieu de se laisser paralyser par la peur ou par l'intérêt. La barrière qui sépare chacun de son Dehors, ils l'ont reportée tous deux, d'un même coup de main, au-delà d'eux : la poche d'intimité qu'ils ont ouverte se déploie sur eux comme une tente où s'héberger. Cet intime ne se réduit pas à la complicité puisque dépassant, finalement, à la fois le calcul et la visée. Il se garde également du plaisir bavard de la confidence, tant il est vrai que ce n'est pas de se raconter qui fait l'intime. Enfin, il ne relève pas seulement de la sympathie ou de l'affect : l'expérience, on le voit, prend une tournure métaphysique ; elle donne *accès*. Il faudra dire à quoi.

II – Dedans/dehors :
quand tombe la frontière

1. Repartons d'au ras de la langue. Méfions-nous de cet emballement – sur la pente de la métaphysique – qui risque de nous emporter. Pour ne pas nous laisser entraîner par la tentation d'effusion qui dans ce cas menace, sur ce thème, devenu aujourd'hui si prolixe, d'une « ouverture » à l'autre, précisons la notion, cernons le mot. Ou pour le dire de façon préventive, curative (en termes wittgensteiniens) : partons de ce dont seul nous pouvons partir – des « usages » du langage ordinaire. Or voici que, touchant l'*intime*, l'usage nous met devant ces deux sens, nous place sans médiation à cet embranchement. L'intime est dit de ce qui est « contenu au plus profond d'un être » : ainsi parlet-on d'un « sens intime » ou de la « structure intime des choses ». Mais il est aussi ce qui « lie étroitement par ce qu'il y a de plus profond » : union intime, avoir des relations intimes, être l'intime de... Le dictionnaire (le *Robert*) énumère à la suite ces deux sens et les tient côte à côte, sans plus gloser, sans sourciller, mais quel rapport entre eux ? Et même ne sont-ils pas opposés ?

Car l'un dit l'à part et l'enfoui, l'autre dit la relation.
Vertu du Dictionnaire, étirant la langue en tous sens et
selon ses possibles, mais jusqu'où peut aller ici l'écar-
tèlement ? Et cette vertu extensive vaut-elle vérité ?
Intime est dit en effet de « ce qui est tout à fait privé
et généralement caché aux autres » (ainsi en va-t-il de
la vie intime, d'une conviction intime ou de ce qu'on
nomme « journal intime »). Or, en même temps, *tout
aussi bien*, intime dit ce qui réunit des personnes et
favorise l'entente entre elles. Par ambiance, prégnance,
de façon tacite : repas intime, fête intime ; ou même
parle-t-on d'un coin intime : à l'abri du monde, à l'écart
des regards et du bavardage des gens qui passent – ce
couple en exode, le soir, au dernier campement, vient
s'y retrouver.

Force nous est donc de commencer par écouter la
langue, ces usages divers de la langue, divers jusqu'à
disjonction ; mais, par là même, de suivre ce qu'elle
nous donne ainsi corrélativement à penser et peut-être
même à déduire l'un de l'autre : (1) que l'intime est le
plus essentiel en même temps que le plus retiré et le
plus secret, se dérobant aux autres ; (2) que l'intime est
ce qui associe le plus profondément à l'Autre et porte
au partage avec lui. Comment passera-t-on donc d'un
sens au suivant sous ce qui paraît, de prime abord, rien
de moins qu'une contradiction ? Ou bien alors qu'est-
ce que cette contradiction éclaire ? Que le dictionnaire
établisse ces deux sens rivaux sans s'expliquer, sans
broncher, se contentant de les juxtaposer, nous laisserait dans l'aporie si nous ne percevions au contraire,
dans l'appel à franchir cet écart, quelque chose comme
une révélation – par cette déchirure on « voit derrière ».

Ou disons qu'on aperçoit alors ce qui donnerait le plus crucialement à penser, nous offrant soudain prise, en passant, sans crier gare, au sein d'un mot, dans ce *gap*, sur notre étant d'humains.

La langue pense. Il faudra donc commencer par s'arrêter sur ce que dit (fait) ici la langue, sans pour autant suffisamment le concevoir, en tout cas sans l'expliciter. Car il ne se trouve pas de superlatif à « extérieur » (seul y répond « ultime »). Or il y a un superlatif à « intérieur » : « intime ». *Intimus*, dit le latin : ce qui est « très » ou « le plus intérieur ». Nous voici donc remis, un pas plus loin, devant ce qu'il nous faut penser ou, plus précisément, *dialectiser*, pour dépasser cette aporie. Parce que l'intime est l'intensif ou la radicalisation d'un intérieur, retire celui-ci en lui-même et le dérobe aux autres, l'intime *du même coup* dit aussi bien son contraire : l'union à de l'Autre, union « intime », dehors devenant dedans, « le plus dedans » – et fait jour à l'exigence d'un partage. « Intime », d'un sens à l'autre, accomplit ce renversement : que ce qui est le plus intérieur – parce qu'il est le plus intérieur, porte l'intérieur à sa limite – est ce qui par là même suscite une ouverture à l'Autre ; donc ce qui fait tomber la séparation, provoque la pénétration.

2. Voici donc que, par l'intime, sont ébranlés les rapports traditionnels du *dedans* et du *dehors* ; et même ceux-ci ne semblent, de prime abord, plus reconnaissables. Par ce renversement que contient l'« intime » en effet, basculant du plus secret en ce qui peut le plus lier, c'est-à-dire de ce qui est le plus intérieur à chacun – « intime » en lui – en ce qui peut le plus profondément fonder, à la fois justifier et provoquer, son union à de l'Autre (selon le banal, mais tôt jaloux : « ils sont intimes »), l'intérieur et l'extérieur se découvrent soudain aux antipodes de ce qu'on conçoit d'eux (les tenant séparés). Car voici que, suivant l'intime, l'intérieur apparaît communiquer, en son fond, avec son opposé. De là cette hypothèse avancée pour dénouer le paradoxe : ne serait-ce pas que, plus l'intérieur se creuse, s'approfondit, moins il peut s'entendre à part et s'isoler ? Cet intérieur de nous-mêmes, plus il s'appréhende en lui-même, en son tréfonds comme on dit, en tant que « très » ou « le plus intérieur », plus il met en route vers sa déclôturation. Plus il fait signe à « de l'Autre » qui n'est plus alors autrui, mais son contraire : retournement on ne peut plus significatif et que je ne fais que constater – c'est lui que, sur la trace de l'intime, je me propose ici d'explorer.

Car j'y vois un fil à tirer pour considérer, curieux, ce qui vient derrière. Rien de moins peut-être que la nécessité de repenser à nouveaux frais ce que nous entendons par notre « intériorité » et, par suite aussi, une relation à l'« autre » qui ne soit plus forcée par la morale. Ou bien la morale ne serait-elle pas seulement au départ, quand on ne la tient pas encore corsetée par l'obligation, le dépliement de cet intime ? Ou disons : la morale ne serait-elle pas elle-même, en son fond, ce *sur la voie de* quoi nous met cette « ressource » de l'intime ? Et ce de façon suffisante, car suffisant à rompre la clôture intérieure, celle dans laquelle un « moi » s'est enfermé. De façon beaucoup plus probante, moins doloriste en tout cas, car positive, que ne l'a fait traditionnellement la pitié comme « fondement » de la morale.

Car on sait que le problème qu'a posé la « pitié » à la philosophie est précisément qu'on ne comprend pas comment je peux éprouver « à l'intérieur de moi », pour reprendre les termes de l'antinomie classique, le mal qui arrive à l'Autre « au-dehors ». Car comment se « transporte »-t-on de soi dans l'autre (dans sa souffrance) : est-ce par l'« imagination », est-ce par la « représentation » (Rousseau, Schopenhauer) ? Mais alors comment expliquer le caractère immédiat de la réaction ? De là son « mystère », a-t-on gémi (Schopenhauer dans *Le fondement de la morale*). L'intime, quant à lui, est la chance, en revanche, du seul fait du basculement qui s'opère en lui, d'étendre corrélativement son dedans dehors, d'avoir son intériorité aussi dans l'Autre, plus elle s'intensifie, à l'extérieur de soi, renversant la clôture d'un « soi ».

D'ordinaire, en effet, au stade le plus rudimentaire, disons celui du « naturel », le *dedans* et le *dehors* se longent et se juxtaposent, chacun de son côté, et, de ce fait, s'ignorent. Ce contact est en même temps séparation – telle est la peau. L'un et l'autre reposent à part soi, de part et d'autre de la frontière, et se tiennent isolés, chacun suivant son ordre propre. Il y a ainsi l'intérieur du corps et il y a l'extérieur du monde : physiologique d'une part, physique de l'autre. L'un peut blesser et entamer l'autre (le couteau). Au mieux il y a échange entre eux : le corps inspire-expire ; il absorbe et il éjecte – le rapport n'est qu'utilitaire. Ou bien, si les catégories de l'intérieur et de l'extérieur commencent à se croiser comme dans le travail (qu'on se rappelle Hegel), l'intérieur de la pensée transformant l'extérieur du monde et réciproquement, ce processus d'où

vient l'Histoire se détachant du naturel les tient néanmoins séparés. Même s'ils nouent entre eux un devenir
commun, ils n'en restent pas moins encore chacun de
son côté, chacun gardant son quant-à-soi. Or, ce que
donne à supposer l'intime, radicalisant ce renversement dialectique entre les sujets que nous sommes, est
que, en son cas, dès lors qu'il se creuse en lui-même,
se veut l'intérieur de l'intérieur, « le plus intérieur », cet
intérieur fait tomber la frontière dans laquelle une intériorité s'est enfermée. En même temps qu'il se retire en
lui-même, il appelle « de l'Autre » (maintenons autant
que possible l'effet générique de ce partitif) à pénétrer
dans ce dedans, à l'y rejoindre et à s'y immiscer ; et la
démarcation dedans/dehors en vient alors à s'effacer.

L'intime dit donc ainsi les deux et les tient associés :
le *retrait* et le *partage*. Ou plutôt que, du fait même de
la possibilité du retrait, naît la sollicitation du partage.
Non seulement, à l'évidence, que plus ce qui est en jeu
est intime, plus profond en est le partage. Mais surtout
que seul ce qui est intime veut s'offrir et le peut. C'est
parce que nos parties « intimes », selon l'appellation
d'usage, sont les plus retirées, non étalées, et même
sont à vêtir, sont à cacher, qu'on peut les découvrir et
les porter au regard de l'Autre ; que les exposer est déjà
donner : qu'elles sortent ainsi de la neutralité et de l'indifférence qui font tenir chacun de son côté et qu'elles
appellent à la pénétration et l'emmêlement. L'intérieur,
du fait qu'il se creuse en intime, appelle à son franchissement par un dehors ; de même qu'il aspire en
retour à son propre épanchement. En tant qu'il devient
superlatif de lui-même, cet intérieur renonce à rester

intérieur et réclame, pour ne pas buter – se défaire ou s'épuiser – contre la limite, son dépassement.

Ou, redit à l'envers, cette *ouverture au dehors* paraît inscrite au cœur de cet *approfondissement du dedans*, le retournant en son contraire. «Partage», d'ailleurs, à quoi tend l'intime, juxtapose comme lui ces deux sens opposés et fait jouer la même ambiguïté. Partager, c'est faire des parts, dont chacun aura la sienne, pour soi seul, à part soi, comme on partage une tarte. Mais partager, c'est tout autant avoir également part à, ne plus être seul et participer. Je partage un gâteau, ou bien je partage des sentiments ou des idées. C'est ainsi qu'être intime, c'est partager un même espace intérieur – espace d'intentionnalité : de pensée, de rêve, de sentiment – sans qu'on se demande plus à qui ceux-ci appartiennent. On y évolue comme à partir d'un fonds commun que chacun des deux ravive, par une phrase, un geste, un regard, comme dans le train des exilés, mais sans se l'approprier – sans même y songer.

3. Car il y a bien là, à nouveau, ce que prescrit la langue et dont il faut penser la logique. Quand je parle d'une chose «intime», quand intime est épithète, cet intime renvoie à son premier sens : il fait signe vers un retrait à l'abri des autres, désigne dans cet approfondissement d'un dedans ce qui, plus essentiel, est d'autant plus difficile à communiquer qu'il se tient dans son aparté. Mais, quand je dis : «je suis intime», quand intime devient attribut, qu'on le prédique et lui confère un sujet, son sens du coup se renverse, le point de vue à nouveau bascule. Je découvre que je ne peux être «intime» en moi-même, que je ne peux être intime seul.

Je suis nécessairement intime *avec* : je ne peux « être intime » que par un « toi » – un pluriel (duel) est exigé, un Dehors est convoqué. C'est-à-dire que ce « très intérieur », ou « le plus intérieur », qui fait l'« intime » ne se pense qu'en se désenfermant de ce moi qui s'énonce, en rapport à un partenaire et dans une relation. Or, ce n'est pas là, en traitant ainsi d'ouverture à l'Autre, je l'ai dit, faire preuve de quelque bonne volonté éthique ; je ne cède pas là, comme c'est tentant, au thème éminemment moral (trop ostensiblement moral) du « il faut partager ». Mais c'est la langue qui le pense et qui l'implique, d'elle-même, froidement et sans broncher. Il s'agit donc là, de ma part, d'entreprendre une « analytique » (à partir de ce que dit et force à penser la langue), non de prêcher.

« Je suis intime avec toi » signifie, en effet, que je t'ai ouvert un (le) « plus dedans » de moi, que je ne maintiens plus à ton égard mon système ordinaire, tentaculaire, de défense et de protection – celui dont on s'est blindé face au dehors, qu'on fait varier, bien sûr, selon les partenaires et les situations, mais d'habitude sans complètement y renoncer. Dans l'intime, je ne me prémunis ni ne me défie plus. Autant dire que nous sommes intimes entre nous pour autant que nous avons fait tomber nos calculs et nos raisons et qu'est suspendue la rumination de l'intérêt, elle qui n'en continue pas moins normalement de rôder, comme on dit si bien, « derrière la tête », même quand elle ne nous guide plus, même quand nous n'y pensons plus. L'intime est ce partage souterrain qui n'a même plus besoin de se montrer, de se prouver. On entre dans l'intime, comme on pénètre sous une tente, j'en reprends l'image, qu'on en a, un jour, trouvé et soulevé la portière et qu'un même dais désormais nous recouvre, traçant ce « nous ».

Que l'abri soit commun aux deux et reporte la clôture au-delà d'eux fait qu'on y évolue désormais « sous couvert », au gré, sans contrainte, astreinte, sans obligation, comme dans un élément ou milieu partagé, au lieu de continuer de se croiser, chacun muré dans sa frontière, et de se confronter. Sous ce dais invisible, même si l'on n'y « fait » rien (du genre « qu'avons-nous fait aujourd'hui ? »), même si l'on n'y « dit » rien (il n'est plus besoin de dire quelque chose pour « meubler » la conversation), la ressource de l'intime ne tarit pas : dans cet *entre* qu'elle ouvre, elle s'« entre-tient ». Car l'intime est un stade qui s'atteint, non un état ; il appartient à ce que j'appellerai l'*essor*, non à l'*étale*. Il diffère dès lors de la tendresse parce que la liaison n'est pas seulement de sentiment ou d'attachement : c'est pourquoi on y est d'ordinaire moins sensible et qu'on ne s'y arrête guère. On *ne songe pas à l'intime* ; on ne songe même pas qu'on devient intime. Puis un jour on constate, mesure, qu'on l'est de fait devenu. Comme, d'autre part, il n'est ni vertu ni qualité, qu'il n'a ni détermination ni visée, bref, qu'il n'a pas de but (or la vie éthique, depuis les Grecs, voulait un « but », *telos*), cet intime a échappé pareillement à la prise de la philosophie. C'est pourquoi, constatons-nous, on s'y est si peu intéressé, on l'a, somme toute, si peu pensé.

Or l'intime me paraît néanmoins d'autant plus mériter qu'on s'y arrête qu'on voit ce qu'il nous fait gagner par rapport à toute pensée de l'*intro*-(spection) et de l'intérieur (la fameuse « vie intérieure », etc.). C'est même à quoi, ici, je tiens le plus : faire valoir l'intime à l'encontre de l'intériorité et de son culte, et de ceux-ci nous débarrasser. Car, alors que la notion d'intériorité d'emblée est suspecte par ce qu'elle laisse supposer de rupture et de refus du monde au-dehors, par suite de renfermement sur soi et d'étiolement par confinement (et ce de même que tout subjectivisme donnera toujours à soupçonner qu'il ignore l'objectivité), voici que l'intime, en creusant un plus profond, plus intérieur, que l'intérieur, renverse du même coup, par son basculement, cette tentation du repli, l'échancre et la subvertit. Un rebondissement s'y produit qui noue la relation et fait surgir une aventure ; par là produit de l'inouï. Ce plus intérieur, et même de tout « le plus intérieur », s'y trouve traversé d'une tentation d'inconnu et d'abandon ; il se libère de lui-même en aspirant à cet extérieur à soi venant abolir la frontière limitant un soi : un « soi » n'y est plus à l'étroit, n'y croupit pas, mais se déborde et devient expansif. L'intime est cet élément ou ce milieu où un moi se déploie et s'externe, mais sans forcer, sans y penser – ce que signifie si bien « épanchement ». On ne saurait être restreint, mesquin, médiocre, quand on accède à l'intime.

Ce que nous fait donc découvrir l'intime, en conséquence, mais discrètement, sans alerter, n'est rien de moins que ce qui, d'un coup, par la possibilité qu'il ouvre, met à mal la conception d'un Moi-sujet bloqué dans son solipsisme – celle-là même contre laquelle la philosophie contemporaine s'est, comme c'est connu, tant insurgée. Ce n'est que par projection-abstraction à partir de « moi », nous disait la psychologie, que je me rapporte à l'Autre, au dehors, et peux l'aborder. Freud encore... Freud, voyons-nous avec étonnement, est de ce parti. Lui qui pourtant a tant fait pour ébranler la conception d'un sujet insulaire et se voulant autarcique n'en reste pas moins prisonnier de ce préjugé de la « représentation », comme faculté maîtresse à partir de laquelle un sujet se rapporte au monde et telle qu'elle a dominé la philosophie classique. Comme si ce n'était que médiatement et par déduction que j'accède à la conscience de l'Autre (au fait que l'Autre ait une conscience) : « qu'un autre homme ait également une conscience, c'est là, dit-il, une inférence qui se tire *per analogiam* » (*L'inconscient*, 1915). C'est-à-dire que, concernant tout homme au-dehors de soi, « l'hypothèse de la conscience repose sur une inférence » et donc « ne peut bénéficier de la certitude immédiate que nous avons de notre propre conscience ». Or la possibilité de l'intime suffit précisément à faire mentir et battre en brèche cette assertion ; à servir de pierre de touche à son contraire. Je dirais même que la finalité de l'intime, s'il y en avait une, serait précisément de *faire éprouver* cet inverse : que l'autre est conscience à l'unisson de moi-même, cela s'appréhendant alors de façon immédiate et non par déduction, non *per analogiam*, dans ce dedans partagé.

De ce que, dans l'intime, la frontière s'estompant, voire s'effaçant entre nous, l'Autre se défait de son extériorité et réciproquement, voici que nous *partageons* effectivement *de* la conscience : la « con »-science, se promouvant de concert avec l'Autre, n'y est plus propriété d'un sujet ; ou disons que, dans l'intime, nos consciences se recoupent alors si bien qu'elles se désappartiennent : il n'y a plus « ta » ou « ma » conscience, mais « de la » conscience (préférons ici encore ce partitif) s'étend *entre* nous, ouvrant cet « entre ». Ce n'est pas tant que tu « me manques », comme on le dit si communément, commodément (possessivement), que je « me sens en toi ». Nous devenons, dans la mesure de cet intime, co-conscients et co-sujets. En quoi l'intime lève un coin du voile qui nous cachait cette co-originarité des sujets que veut penser la pensée moderne et selon laquelle, nous commençons de le voir, se laisse envisager tout autrement la morale. Loin donc d'être un aspect particulier de l'expérience humaine, ou serait-ce même son intensification, l'intime, déstabilisant ce sur quoi nous avons fondé traditionnellement notre appréhension du Moi-sujet, est bien « révélation », comme je l'avançais – mais révélation complètement empirique et si modeste, faite en passant, furtive, si réservée. Il nous faudra par conséquent entrer plus avant dans ce que je n'hésiterai pas à nommer l'*inouï* de l'intime, d'autant plus inouï qu'il est discret, pour frayer, à nouveaux frais, tirant ce fil, un chemin vers l'humain et vers la morale, sonder ce « nous » qu'il nous découvre.

III – Le mot, la chose

1. C'est un beau mot en français : « in-time ». *In-* ouvre, fait lever la voix, donne du timbre : le *i* consonné résonne. Puis *-time* replie, referme cet élan – cet accent – en douceur et le rend discret. Ce *e* muet, se retirant, laisse indéfiniment mourir : il laisse murmurer. D'une part, les deux syllabes se font écho, l'expiration répondant à l'aspiration, mais, de l'autre, cela ne va pas sans une certaine asymétrie : à l'élévation brève, créant un effet d'appel, succède un abaissement de la voix qui l'absorbe et la prolonge en sourdine. Cette ressource, l'*intimo* italien, par exemple, dispersé sur trois syllabes et continûment sonore, trop chantant, ne l'a pas. Pour une fois, la langue française, à qui l'on reproche d'ordinaire d'être si peu musicale, est juste (comme on dit « juste » en musique). Ne suffit-il pas de prononcer à nouveau le mot dans sa tête, une fois encore, rien qu'en vue de l'écouter, pour y happer à tout coup du plaisir ? « In-time » : phonéticiens et poéticiens n'en finiront pas d'en déceler la ressource ; et l'on ne pouvait rêver mieux, en effet, imaginer d'accord plus parfait, entre le mot et la chose, entre le son et le sens : le signifiant, pour une fois, porte à merveille son signifié.

Or, quant à ce signifié, on l'a vu se développer dès le latin selon ses deux voies parallèles : disant d'un côté ce qui est le plus dedans, le plus au fond, le plus retiré ; de l'autre, que des personnes sont liées de la façon la plus étroite et dans la durée. D'un côté, le cœur de la chose ; de l'autre, l'intensité de l'union. On voit Cicéron parler aussi bien du fond intime d'un sanctuaire, *sacrarium intimum*, ou de l'intime secret de l'art, *ars intima*, que de ses amis intimes, *mei intimi, familiares intimi*. Or, on a commencé de s'en douter, c'est quand ces deux sens sortent de leur parallélisme, cessent d'être étanches entre eux et se croisent, entrant dialectiquement en rapport l'un avec l'autre, qu'en naît la fécondité – que ce terme brusquement donne à penser : quand le retrait à l'intérieur de soi débouche sur la relation à l'Autre ; ou, pour le dire aussi bien à l'envers, quand c'est par ouverture à l'Autre que se découvre un plus intérieur à soi, l'approfondissement de l'intime au-dedans de moi se faisant par accès à ce Dehors de moi-même.

Aussi cet Autre, ce Dehors creusant au-dedans de moi l'intime et le révélant, quel pourrait-il être d'abord si ce n'est Dieu – ce qu'on appelle « Dieu » ? N'est-ce pas même, *d'abord*, à quoi Dieu sert, du moins le Dieu chrétien ? On le lit à même les *Confessions* d'Augustin représentant le grand tournant en la matière. Le contexte chrétien, sans nul doute, a fécondé l'intime et l'a fait prospérer. Car Augustin le conçoit désormais unitairement ainsi : « Étant averti, de là, de faire retour en moi-même, j'entrai dans mon intime sous ta conduite et je l'ai pu parce que tu t'es fait mon soutien » (*Confessions*, VII, 10). Dans « mon intime », dit Augustin, ou plutôt dans « mes intimes », au neutre pluriel, comme il dit aussi bien les « viscères intimes de mon âme », et cela sous ta conduite, « toi conduisant », *duce te*. Car, entrant dans « mes intimités », qu'ai-je aperçu ? Non plus une chose, mais « la lumière », une lumière immuable, *lux incommutabilis* : non pas la lumière vulgaire qu'aperçoit la chair, ni non plus une lumière supérieure remplissant tout l'espace, mais une lumière autre, « vraiment autre », celle-là même qui m'a créé – *ipsa fecit me*.

Au cours des *Confessions*, Augustin opère les deux à la fois quant à l'intime. D'une part, il creuse ce « le plus intérieur » en moi et lui donne consistance, *intima mea* : il en fait le fond et l'étoffe de la subjectivité dont on voit ainsi sourdre en Occident le concept. Mais, d'autre part, il invoque Dieu comme éclairant du dedans cet intime et le régissant : Dieu est à proprement parler le « maître » ou le « médecin » intime *(tu medice meus intime*, *docente te magistro intimo)*. À partir de quoi Augustin peut affirmer que Dieu est même « plus intérieur que mon intime », *interior intimo meo*, de même qu'il est supérieur à mon sommet. Dieu qui est l'Extérieur absolu, le Tout autre qu'a révélé la Création, est en même temps Celui qui me révèle le plus intérieur de moi ; à la fois il me le fait découvrir et le déploie. Augustin appelle « Dieu » cet Autre, ou ce Dehors, qui fonde mon intime au « plus dedans » de moi, et ce en l'ouvrant à Lui. Le reste – « la foi » : *credo* – n'est plus que de conséquence.

Il n'y aura donc plus, par la suite, pour le discours chrétien, qu'à creuser l'un par l'autre. D'une part, à s'enfoncer toujours plus avant dans cet intime au dedans de soi, et ce en le radicalisant, en dépassant

ce superlatif, pourtant indépassable, c'est-à-dire en
donnant un superlatif à ce superlatif. Bossuet : « Dieu
voit dans le plus intime du cœur » ; « viens te recueillir
dans l'intime de ton intime » ; et, d'autre part, à appeler
l'homme à sortir de lui pour trouver la vérité de sa
conscience et de sa condition, c'est-à-dire « hors de lui-
même et dans l'intime de la volonté de Dieu » (Pascal,
dans la lettre sur la mort de son père, 1651). L'intime,
l'intime de l'intime, est le terme ultime, terme clé, qui
lie les deux et les fait communiquer de l'intérieur, l'Extériorité divine et le plus dedans de l'âme, la transcendance de la première se révélant ainsi, dans l'intime,
être immanente à la seconde. « Intime » conjoint désormais les deux. En quoi l'intime constitue la charnière
du religieux chrétien et trouve – et prouve – en lui à la
fois sa raison et ce qui fait sa ressource.

L'intime est employé ici en tant que nom, érigé en
notion, mais pour être la notion la moins « notion » qui
soit, en tout cas la moins spéculative, ignorée comme
telle par la philosophie, car à la limite du concevable.
Elle est inacceptable à tout le moins pour une logique
d'entendement : l'intérieur s'y creuse, mais pour s'ouvrir à son Dehors ; ou le moi ne s'approfondit que
pour sortir de soi. En évoquant ce branchement de la
conscience en Dieu, cet intime fait signe vers le fonds,
source et tréfonds, de l'expérience humaine. Aussi le
travail de la philosophie moderne n'a-t-il pas été, tout
en en soutirant sa pensée de la subjectivité, de trans-
poser ce sens chrétien, *i.e.* porté par le christianisme,
en sens proprement « humain », c'est-à-dire découvrant
et développant ce qui *promeut* l'humain ? Comme si,
dès lors, cet Autre ou cet Extérieur sur lequel ouvre

l'intime au plus profond de soi pouvait être désormais simplement Elle ou Lui, sujets humains comme moi, et ne réclamait plus, pour ce faire, qu'on en appelle à « Dieu ». Mais de « Dieu » n'en est pas moins gardée cette puissance de faire aspirer au débordement de soi à l'intérieur de soi, dont le christianisme a frayé l'idée, de faire croire à la possibilité de ce chavirement dans l'« Autre », à ce branchement sur un au-delà de ce qui fait sa « personne », et ce dans une autre « personne » et telle que, celle-ci, on peut personnellement, effectivement, à tout moment, la rencontrer.

On mesure, du même coup, ce qu'« intimité » déjà fait perdre vis-à-vis de cet intime, c'est-à-dire vis-à-vis de ce dépassement de la frontière, de cette aspiration à l'absolu, car ne se manifestant plus, alors, que dans des choses ou des états, s'affaissant en propriété ou qualité : combien *intimité* fait retomber de l'élan creusant cet intime de notre intime, promouvant un sujet, et le raidit dans ses traits. Comme de juste, ce déterminatif (de l'intimité) est platement résultatif, il fait oublier cet essor qui est à sa source et en fait l'effectif. Comme entre le Beau et la beauté : celle-ci *étale* celui-là. Or, ne voit-on pas qu'« intimiste » franchit un pas de plus dans cette déperdition, ne se répandant plus que dans les choses, comme un décor, et va même jusqu'à l'inversion ? Abolissant cette ouverture à l'autre dans laquelle s'approfondit l'intime, il se dilue en genre, en manière, en atmosphère. Dès lors qu'est oubliée l'intrusion d'un Dehors faisant tomber la frontière, l'intériorité se replie sur soi, se complaisant avec soi. « Intimiste » est à dénoncer : de l'intime, ce *kitsch* n'en est pas tant le contraire, à vrai dire, que la perversion.

Terme latin, terme chrétien, l'intime est un terme européen. Or il est temps, à l'heure de l'uniformisation du monde, de se livrer à une géographie des mots. Dès lors que je pense les langues et les cultures en termes, non d'identité, mais de fécondité, je me dois d'explorer jusqu'où l'« intime », dans la diversité des cultures, a déployé sa ressource. Celle-ci se retrouve-t-elle ailleurs ? Est-elle culturellement marquée ? *Intimo*, *intima*, *intimate*, *intim* : les langues de l'Europe ont conçu l'intime à proportion de leur affiliation au latin. Mais si je sors d'Europe ? Car il ne s'agit pas là seulement de sonder généalogiquement ce qu'il en est de notre conception moderne de la subjectivité dans son rapport à l'Autre, et ce en regard de ce qu'on appelle couramment et par commodité l'« héritage » chrétien, celui-ci se laissant d'autant mieux cerner que, sortant de son « évidence », il est en train aujourd'hui de se replier – son retrait le rend singulier. Mais il faudra aussi envisager, s'il est vrai qu'intime est bien un mot européen, quel espace théorique il dessine dans l'état présent du monde. Car, à se le dissimuler, on risque aujourd'hui de brasser l'universel (de l'humain) vraiment à trop bon marché.

2. D'autre part, il y a la « chose » – ne serait-ce qu'un geste intime comme un serrement des doigts : « … Me demandant si j'oserais saisir la main d'Anna dont je sentais l'épaule contre la mienne… » *(Le train)*. Or, retiré, réservé, furtif et même se cachant des autres, le geste intime sort d'office l'intime de ses sens parallèles et conjoint exemplairement les deux, dehors et dedans – il le fait à la fois le plus étroitement et le plus densément.

D'un seul mouvement, il exprime à la fois le retrait et le partage. Il procède d'un sentiment intérieur et même qui est le plus intérieur, le plus secret, en même temps qu'il ne se contente pas de l'adresser à l'Autre, mais l'impose à lui physiquement. À la fois le plus discret et le plus direct ; portant en lui le plus imperceptible de la subjectivité, étant le plus retiré, en même temps qu'il l'incarne dans le plus tangible et le plus en dehors – le corps.

Ou bien prenons une parole intime. Dans la banalité des mots et des représentations qu'ils véhiculent, voire usant elle-même des mots et des représentations qu'on dit d'ordinaire sans plus les charger, la parole creuse alors à couvert, risquant à quoi alors on tient le plus, une relation telle que ce n'est plus tant ce que l'on dit qui compte que à qui on le dit et la façon dont c'est compris : y perce une signification à part, en retrait, qui, plutôt que de communiquer, fait communier (*communicare* disait également le latin, avant que le terme ne se christianise). Elle n'informe pas tant qu'elle crée l'entente ; se produisant verbalement, elle n'en opère pas moins tacitement. Ou bien tel est un regard intime, connivence au sens propre : un seul plissement des paupières se rejoignant (*connivere* dit encore le latin) suffit à laisser passer une intention secrète, tellement secrète qu'on ne peut pas la formuler. Ce qui compte alors, dans le regard, s'est insidieusement retourné : c'est, tout autant que ce qu'il voit de l'autre, ce que l'autre voit de lui ; il laisse percevoir un dedans autant qu'il perçoit un dehors. Voire, ce regard intime ne regarde pas tant qu'il se laisse regarder – comme souvent le regard de la Vierge sur les tableaux d'église.

L'un comme l'autre, parole, regard ou geste, voici donc qu'ils ouvrent une déviation par rapport à leur fonction-nalité établie et la détournent ; et c'est cette dissidence à l'égard de l'ordinaire, cet écart vis-à-vis du banal, qui les replie en dedans partagé : perçant d'un être à l'autre comme un tunnel ou les couvrant l'un et l'autre sous un même abri.

Chose étrange, vraiment, qu'un *geste intime*. Son « efficace » est prodigieuse. Par un déplacement si minime dans l'espace extérieur, il fait franchir, d'un coup, la barrière intérieure, abolit la frontière de l'Autre, son quant-à-soi. Il est à la fois tangible, physique, exposé (même lorsqu'il se dissimule) et par conséquent dénonçable, en même temps qu'il est empreint d'une subjectivité telle qu'elle en est indicible, qu'on n'ose ou ne peut la formuler. Ce qu'on porte au plus profond de soi, nous découvrant ce plus profond que soi, et qu'on tient à l'abri des autres, est précisément ce qui produit alors à couvert, dans le geste intime, une ouverture à l'Autre telle qu'elle pénètre en son fond, tréfonds, et le lui découvre ; son avancée, si discrète soit-elle, vaut intrusion et le fait chavirer. Car un geste intime ne peut se faire seul : il implique en effet un « Autre », exige qu'on soit deux. Pas plus qu'on ne peut être intime avec soi-même, on ne peut faire un geste intime sur soi (on peut toucher ses « parties intimes », mais le geste pour autant n'est pas intime) ; et, même si c'est moi seul qui prends sa main, ce geste, quand il est intime (c'est même à quoi on voit qu'il est intime), est commis à deux.

Aussi, même s'il paraît habituel, banal, voire est de tous les instants, un geste intime est « inouï ». Même si l'on ne s'en rend pas compte ou qu'on n'y prête plus attention, il constitue toujours, en tant que tel, un événement : un geste intime est toujours neuf, ne s'use pas, ou alors il n'est plus intime, n'étant plus efficace. Il est même l'anticipateur de la liaison : avant que l'intimité ne soit déclarée, il sert de prodrome et de déclencheur ; tant que la situation (la relation) n'est pas tirée au clair, il est même stratégiquement conatif. Souvent l'intimité du geste a précédé la parole. Phrase de roman : « alors il lui prit la main, puis il lui dit… ». Non seulement il anticipe, mais de plus précipite : c'est lui qui tranche d'un coup entre les possibles, met fin à l'incertain, sort de l'atermoiement et fait basculer soudain dans ce dedans partagé. Geste décisif s'il en est : cet événement qu'il crée, plus rien ne le referme et ne l'effacera, plus rien ne pourra faire qu'il n'ait pas objectivement été, même s'il est renié – il emporte avec lui la vie entière.

3. Deux traits notamment caractérisent ce geste intime. D'un côté, il est porteur d'intentionnalité, à la différence du geste de rapprochement qu'on commet par mégarde (ou du geste médical opérant serait-ce sur les parties intimes). De l'autre, il peut s'imposer à l'autre, mais ne se veut (ne vaut) que consenti par lui. Dit à l'envers : s'il fait violence, a quelque chose d'une agression, ce geste n'en est pas moins intime dès lors qu'il est accepté de l'autre et devient un langage entre eux (Julien Sorel prenant la main de Mme de Rênal à Vergy). Dès lors, quel rapport avec le sexuel ? D'une part, le geste intime peut ignorer le sexuel (« n'en rien savoir » : quand on tient la main du malade à l'hôpital et même, alors, une caresse) ; et, d'autre part, quand il est marqué de sexualité, on le voit tôt bifurquer d'avec l'érotique.

Ce peut être le même geste, d'ailleurs : cette caresse ou cet attouchement. Mais soit il excite (s'excite) ; soit il pénètre, il s'insinue et envahit. Soit, vecteur d'érotisme, il en reste au stade réactif, et s'y bloque alors la pulsion ; soit, se faisant porteur d'intimité, il enjambe celui-ci et va derrière, s'en va faire résonner l'intériorité de l'Autre sous l'archet de la caresse (comparaison banale mais qu'on ne dépasse pas), va chercher l'intérieur de son intérieur et le lui fait éprouver. Soit donc il y a gain de désir-plaisir, *Lust* ; soit il y a gain d'entente tacite et d'épanchement. Ou encore il y a *avant* et il y a *après* (ce qu'on appelle par convention l'« acte » sexuel) : la tension érotique avant/la détente intime après (la conquête avant/la connivence après). À quel point sont-ils donc exclusifs l'un de l'autre, l'érotique faisant taire momentanément tout intime et l'intime en venant à faire oublier l'érotique, le dissolvant dans son infinité ? Suffisamment, en tout cas, pour que le sexuel se diffracte entre les deux et même pour que ce qui contredit l'érotique ne soit plus tant le « spirituel », selon l'opposition figée, trop commode, héritée de nos vieux dualismes, que cette *dimension intime* qui, plus elle s'étend, plus elle retire la condition de possibilité – c'est-à-dire, en fait, d'*extériorité* – de l'érotique.

On ne peut néanmoins se cacher que le geste intime, même si c'est la douceur d'une connivence qu'il prétend établir, opère d'abord comme une intrusion vis-à-vis de l'autre, autant dire une *pénétration*. Mais intrusion dans quoi ? Je dirai : dans ce champ d'appartenance ou de ce que j'appellerai « privauté » (l'anglais *privacy*), tel qu'il se constitue pour chacun à partir de son corps propre, dont la barrière n'est pas marquée mais se connaît d'emblée, et que chacun transporte avec soi, dans lequel chacun s'enveloppe et se tapit. Le geste intime opère une brèche dans cette frontière invisible par laquelle chacun se garde et s'appartient. Car ce n'est pas tant que le geste soit expressif qui compte (tant de nos gestes le sont : de colère, de haine, de pitié – cette sémiotique des gestes ne fait pas problème) que le fait que le geste intime, faisant irruption dans ce *champ d'appartenance* de l'Autre, par lequel celui-ci se reconnaît et s'approprie, défait – fait sauter – la barrière entre l'Autre et soi, entre dehors et dedans : de sorte qu'un dedans s'étend à travers l'autre, au lieu de se heurter à son extériorité provocante – provocante parce que maintenant la distance, voire l'accroissant, comme le voudrait l'érotisme.

Ce geste intime était d'abord une audace : j'ose, je me permets de faire, par ce seul déplacement discret de la main, ce que d'autres – tous les autres peut-être – n'ont et n'auront pas le droit de faire, de leur vie, ne songent ou ne peuvent se risquer à faire, et que moi seul je m'autorise. Or, cet empiètement imposé, se glissant entre ces deux périls, l'indécence et la violence, dans un pari qui compte sur le consentement de l'Autre pour faire tomber la démarcation d'avec soi, a réussi d'un coup à faire basculer le rapport ; en étendant la « privauté » à nous deux, à renverser la donne : d'une effraction du dehors en dedans partagé ; ou de ce qui a toujours au départ quelque chose d'un coup de force en douceur infinie (je reviendrai sur cette « douceur » de l'intime pour la retirer de la mièvrerie du psychologique).

Fascinant est ce point de basculement où tout se décide, où la transgression se retourne en accueil, et même découvre une attente, ainsi que l'impulsion soudaine en vibration, en écho, qui ne s'éteint pas. Ce qui fait que le geste intime, même s'il est devenu familier, n'est jamais routinier ; il garde toujours, je l'ai dit, quelque chose d'un événement inouï et du miracle. À quoi tient que, même quand il se montre, il ne peut jamais être complètement dévoilé ; qu'il se garde d'autrui pour n'être pas profané ; que, même fait en public, il reste codé « secret ». Ou, sinon, il est déshabité de lui-même, a perdu son efficace et n'est plus intime.

Car alors, quand ce geste n'est plus fait, ou que le faire devient à charge, s'exprime déjà une réticence qui rétablit la frontière invisible (Fabrice et la Sanseverina sur le lac, après l'épisode de la tour Farnèse). Sans donc qu'on s'en rende compte, et donc qu'on songe à en parler, a commencé *de facto*, physiquement, la séparation : l'épaule qu'on n'effleure plus, la main qui ne s'avance plus. Non seulement la cessation du geste intime traduit (trahit) la fin, ou du moins l'ébrèchement, de l'entente tacite et de la connivence, mais elle l'anticipe à la fois et la précipite, elle aussi. Elle avertit de ce qui est porté à se défaire et déjà l'engage. À l'instar d'oser le geste, mais cette fois en sens contraire, non plus par frayage mais par rétractation du possible. Le geste qu'on ne fait plus, ou même à peine retiré, signifie déjà – suffisamment – qu'on rend l'Autre à son dehors, l'abandonne à son extériorité.

4. Il y a donc, d'une part, la singularité que nous découvre le mot – « intime » : si juste en français,

commun aux langues européennes à partir de sa fac-
ture latine, marqué par le tournant chrétien, il faudra
encore comprendre jusqu'où et pourquoi. Et, d'autre
part, il y a la « chose » qui, elle, paraît si commune et
même dont on ne peut guère concevoir qu'elle ne soit
pas de toujours et de partout : ce simple serrement des
doigts, ou ce regard, ou cette parole, qui fait passer d'un
coup mon sentiment intérieur, le plus intérieur, dans
l'intériorité d'un Autre, effaçant entre nous la frontière
et livrant mon intime – m'ouvrant le sien. Quelle limite
culturelle puis-je imaginer à cette expérience ? Ou bien
ne serait-ce pas si simple ?

S'agit-il là, dans l'intime, autrement dit, d'une catégorie culturellement et historiquement marquée, la
notion étant née et s'étant déployée dans un certain
contexte de civilisation, à un certain moment de son
développement, et en gardant l'empreinte ? Tous nos
concepts « sont devenus », disait Nietzsche qui, en cela,
héritait de Hegel. Je ne pourrai alors pénétrer l'« intime »
qu'en sondant cette singularité culturelle et en en
explorant la cohérence ; je ne pourrai le comprendre
sans cette histoire et cette acculturation. Tout comme
on ne peut comprendre, par exemple, le *saudade* portu-
gais qu'en se tournant, en plein paysage méditerranéen,
vers l'Océan et ses plus lointains rivages, embarqué
qu'on se trouve alors pour bien d'autres voyages ; ou
le *Sehnsucht* de la langue allemande, que rend si mal
également « nostalgie », qu'en pénétrant dans la fissure
romantique et son rêve, non pas tant fait de *Burg* altiers,
de brumes et de légendes, que de hantises à la Novalis
et d'aspirations où le fini est « allusion » à l'Infini ; ou
encore comme on ne peut pénétrer l'*iki* japonais qu'en

associant au sens de l'honneur et de la séduction *(ikiji-bitai)* le renoncement bouddhique, *akirame*, comme l'a si bien décrit Kuki Shûzô.

Passons en Chine – la Chine demeurée si longtemps extérieure à l'Europe tant par la langue que par l'Histoire et qui me sert ainsi de levier ou, disons, d'« ouvre-boîte » philosophique : comment y traduire « intime » ? Car je n'y trouve pas de terme où se rejoignent « l'essence intime de » et « la relation intime à », c'est-à-dire où le creusement d'un intérieur à soi-même puisse se révéler en même temps accès à l'Autre, comme chez Augustin, Dieu s'y découvrant « plus intérieur que mon intime », *interior intimo meo*. Je devrai, en Chine, choisir l'un ou l'autre : soit j'exprime la réalité la plus interne, privée, cachée (*si-mi* 私密, *yin-mi* 隐密), soit je dis la profondeur du lien (*qin-mi* 亲密), quitte à ce que la même idée d'intensité par compacité se retrouve d'un terme à l'autre (*mi*, dans ces composés du chinois moderne). Devrons-nous croire, en conséquence, que les Chinois, du moins jusqu'à la rencontre de l'Europe, auraient vécu autrement cette expérience qu'est pour nous (ce « nous » se découvrant alors européen) celle de l'« intime », ou même qu'ils l'auraient dans une certaine mesure ignorée ? Or celle-ci, à partir d'Augustin, n'a-t-elle pas été cruciale dans la construction de la subjectivité ? Et de même, ou d'abord, en nous retournant sur nous-mêmes et remontant dans notre histoire, qu'en est-il des Grecs, « nos » Grecs, puisque le mot est latin – ne serait-il que latin : *intimus* ? Les Grecs ont-ils donc ignoré l'« intime » ?

Se pose enfin la question du genre adéquat pour aller plus loin : ne devrais-je pas plutôt écrire un roman ?

L'intime, on le sait, est le plus singulier, le « plus inté-rieur », et se tapit en amont de l'analyse et de l'énoncé. Puis-je imaginer plus résistant – récalcitrant – à la prise du concept et à l'abstraction ? Que, selon la vieille formulation scolastique, l'existence soit faite des sin-guliers *(existentia est singularium)*, tandis que la « science », le discours de la connaissance, « porte sur » les universels *(scientia est de universalibus)*, donc de cette existence soit condamnée à rester à distance, se vérifie encore davantage en ce cas-ci. Aussi l'intime est-il par principe rebelle à la philosophie – quel philo-sophe en a parlé ? Il me faudra donc faire mon chemin non seulement entre le mot et la chose – entre ce qui se trouve impliqué par le « mot » et ce qui se trouve mani-festé par la « chose », geste, parole ou regard – mais encore m'aventurer entre notion et situation : passer de l'histoire culturelle, à large échelle, à l'individuel de ce moment-ci, de cette vie-ci, et faire appel au récit, voire le varier par la fiction. Mais n'est-ce pas là, au fait, la condition de toute pensée du *vivre* ? Et pourra-t-on nous faire croire encore, à son sujet, à quelque rupture entre les deux, littérature et philosophie ?

IV – Il n'y a pas eu d'intime grec

1. Hector et Andromaque, se retrouvant sur les murs de Troie (dans l'*Iliade*, au chant VI), sont-ils intimes entre eux? Après tant de querelles et de luttes entre preux, de discours enflammés et d'appels à la vengeance, après tant de vacarme et de sang puissamment versé, les deux époux se cherchent, ils se hâtent l'un au-devant de l'autre et se rencontrent sur la muraille; auprès d'eux, une nourrice tient dans ses bras Astyanax, le jeune enfant né de leur union. En bas, dans la plaine qui poudroie sous les chars, le combat auquel sont mêlés les dieux n'a pas cessé. Je reconnais que, lue dans le grec tâtonnant de ma jeunesse, comme l'ont lue jusqu'à ce jour tant d'adolescents en Europe (éducation désormais, comme on sait, révolue), cette scène m'a paru définitive, scellant d'emblée ce qu'il en est – ce qu'il en sera – de l'humain. Comme par une échancrure, on y verrait l'«homme même», selon l'expression fétiche, dans ses rouages et ses affections.

La preuve en est, nous dit-on, cet ébranlement soudain de nos affects, quand nous lisons la scène, celui-ci se produisant en chaîne, au fil des siècles, également, sourdement, de génération en génération: qui n'y réagirait pas ? Or y a-t-il plus élémentaire que ce « réactif » ? (Ou de quel autre mot puis-je aller puiser cela plus radicalement ?) La preuve n'en est-elle pas que de ce vécu d'un temps si reculé nous sommes ainsi « touchés » comme par une onde qui ne se perd pas – onde transmettant l'« humain » ? Indépendamment donc de tout conditionnement – et donc aussi de tout voilement – qui viendrait de la langue ou de l'idéologie, de l'histoire et de la culture ou, plus généralement, de ce qu'il est convenu d'appeler, depuis Foucault, le « discours ». Nous sommes pourtant tous d'accord pour reconnaître que les façons de voir et même de sentir ont muté depuis tant de siècles. Mais, justement, il ne s'agirait plus tant là d'idées ou de sentiments que de types et de situations, ou disons de « structures » d'humanité telles qu'Homère, « le premier poète », aurait réussi à les atteindre en amont du conçu et de l'affectif ; et, branchés comme le sont dès lors ceux-ci sur un plus foncier, la distance, d'eux à nous, s'est comme miraculeusement annulée.

Or on aura reconnu là, dans cet argument, le dernier pré carré défendu par le vieil humanisme. Une page comme celle-ci, de ces pages qu'on va « cueillant » au fil des siècles et des littératures, qu'on dit ainsi d'« anthologie », serait l'expression directe d'une même condition, indépendante de toute autre condition – la fameuse « condition humaine ». Chacun, à la lire, en vérifie aussitôt la justesse, et ce, je l'ai dit, « réactivement », à part soi, et même peut-être malgré soi – sans donc qu'on ait plus besoin pour cela de médiation ou d'interprétation. Disons que le procès d'« identification », au double sens du terme, psychologique et

cognitif à la fois, en ce cas-ci, ne peine pas : on s'iden-
tifie (s'assimile) le plus directement à ces situations
et ces personnages ; et l'identification générale de ce
qu'il en est « de l'homme », sa détermination foncière,
se réalise du même coup à travers eux. Ceux-ci le font
exemplairement ressortir dans leur simplicité.

Vous saurez donc qu'il est ainsi des pages qui – grâce
à la matière à la fois plus sensible et plus marmoréenne
dans laquelle elles ont été gravées, parce qu'elles sont
à même de mobiliser tout l'humain et non seulement
son intellect, parce qu'elles sont narratives et poétiques
à la fois, qu'elles mettent en scène et ne prescrivent pas –
ne datent (ne passent) pas : des pages sur lesquelles tout
le temps accumulé depuis n'a pas prise et même n'a
jeté aucune ombre ; qu'on découvre fraîches comme
au premier jour : « Le monde naît, Homère chante... »
À plus forte raison saisissons-nous cette humanité
naïve – native et définitive – quand il s'agit d'Hector et
d'Andromaque s'abordant sur les murs de Troie. Plus
rien n'y faisant écran, d'historique et de culturel, ou
bien l'historique et le culturel n'y étant plus qu'un décor,
tout au plus un support, les comparatistes, à ce propos,
ont traité, comme on sait, d'« invariants » (dans l'espace
comme dans le temps – leur mixte d'« universel » et
d'« éternel »). La notion depuis lors a fait souche. Tant
elle est commode. Mais peut-on s'y fier ?

Car on comprend bien qu'il n'y va pas là d'une
simple appréciation de la littérature et que l'enjeu en
est décisif pour l'« humain » : même aux yeux des plus
sceptiques en fait d'humanisme, la littérature n'aurait-
elle pas ce droit et ce pouvoir-là ? Or, tandis que toute
une construction de l'« Homme » s'en est effective-

ment servie de pierre de touche, ou disons de pièce à conviction, pour y faire valider une « nature humaine », je remarque que ceux-là mêmes qui, depuis plus d'un siècle, ont voulu ébranler cette conception d'une identité de l'homme – et Dieu sait s'ils ont été nombreux et résolus – l'ont fait en restant à l'intérieur du jeu notionnel propre à la philosophie (« existence » contre « essence », etc.), cela selon la vieille schizophrénie européenne du philosophique et du littéraire, et ne se sont guère aventurés sur ce terrain-ci. Comme si l'on pouvait s'y mettre alors miraculeusement en vacances de toute historicité. Ce jardin (du « littéraire » – qu'inaugure Homère), on s'accorderait sans rancune, *in petto*, et même plutôt complice, à l'abandonner aux autres, aux dévots de la littérature éternelle (car pourquoi bouder son plaisir ?), puisqu'il n'y va pas directement du concept et de sa dignité. Du coup, ces grandes pages sont demeurées « intouchables », leur abord immuable, on voudrait les inscrire au « patrimoine mondial » de l'humanité, selon la manie contemporaine, pour les conserver à jamais dans leur innocence. Foucault lui-même y a-t-il touché ?

En retrait du récit guerrier, en effet, tout est fait ici par le poète, de main de maître, pour faire ressortir le lien puissant qui unit ces deux êtres se retrouvant enfin à part des autres, tournés qu'ils sont l'un vers l'autre et sachant que c'est là, certainement, pour la dernière fois. Dans cette page d'ouverture de la littérature européenne, à coup sûr, un extrême d'emblée est atteint concernant l'art de manier l'émotion, de faire varier le tendre et le pathétique, l'affectueux et l'héroïque. Car rien n'y manque. Ni le geste complice de rapprochement : Andromaque saisit la main de son époux et celui-ci, après lui avoir rendu l'enfant, de sa main aussi la caresse *(cheiri katerexen)*. Ni non plus le souci et la préoccupation de l'autre : Hector commence même par songer à Andromaque quand, Troie détruite, comme ils le prévoient tous deux, elle se verra emmener en esclavage, réduite à tisser la toile sous l'ordre d'un autre ou à aller puiser l'eau pour le service. Avec un art consommé du contraste et du crescendo, de la tension et de la détente, Homère, lui, le premier poète, a su saisir ici le jeu nécessaire des attentes et des réactions. Aurait-on mieux fait depuis ? Tout le reste – le développement de la littérature – n'en serait-il pas que variation ou, pis encore, complication ?

Néanmoins, si « émouvante » que soit la scène (Homère n'a-t-il pas tout fait en ce sens ?), les deux personnages s'y rencontrent en tant que caractères, en tant que types et que conditions ; ou disons déjà en tant qu'*essences*. L'un incarne la valeur guerrière et l'héroïsme, l'autre est la noble épouse éplorée. Ou plutôt, je me demande, se sont-ils effectivement *rencontrés* ? Cet *événement* de la rencontre – de personne à personne – a-t-il un jour eu lieu entre eux ? Se sont-ils rencontrés dans leur vie passée et se rencontrent-ils aujourd'hui même ? Ou, disons, dans quelle mesure sont-ils ensemble, en ce moment, sont-ils « à deux » ? Cela même si, aux yeux d'Andromaque, Hector est bien « tout » pour elle, effectivement, son « père », sa « mère », son « frère » aussi bien que son « jeune époux ». Leur passé commun, à vrai dire, n'est que celui de leur race et de leur lignée, rien de *singulier* ne paraît pouvoir survenir entre eux. Ou, si la situation entre eux est pathétique à l'extrême, on ne voit rien pourtant se passer dans cet « entre ».

Certes, la frayeur soudaine de l'enfant devant le cimier rutilant de son père crée, par son anecdote, un moment d'attendrissement partagé, savamment ménagé, et fera « rire » la mère, est-il dit, au milieu de ses « pleurs » – déjà l'oxymore et son jeu rhétorique. Pour autant, cette brèche de tendresse apparue dans le drame ne réussit toujours pas à faire événement les ouvrant l'un à l'autre. Car quelle intériorité peut se creuser entre eux, avant que ce soit en eux ? Demandons-nous : qu'est-ce qui, en dépit du grand ressort de la pitié dont joue si bien Homère, les tient ainsi définitivement à part l'un de l'autre, chacun dans son *êthos*, et par suite nous sépare nous-mêmes à jamais d'eux ? Ce n'est peut-être pas tant l'inégalité entre les sexes ou l'honneur si lourd à porter, l'importance accordée à la gloire, voire la pensée du Destin dominant leur vie – toujours l'idéologie. Mais il y a là le fait, plus essentiel, que chacun demeure enfermé dans son type et sa condition cloîtrant son moi et l'isolant. L'unicité d'un plus individuel, générant du plus intérieur, et ce en rapport à l'« Autre », quel qu'il soit, n'y paraît pas. Aussi, en dépit du lien d'affection, le *possible* de l'intime ne s'y déploie pas. Et même ils ne sauraient l'imaginer.

Chacun repart donc de son côté, vers la guerre ou vers son foyer ; ils s'en vont, en fait, comme ils sont venus. Ils n'ont rien gagné à cette entrevue. Rien ne s'est passé – n'a passé – *entre* eux. On en reste au pathétique, dans le maniement duquel Homère est maître et les Grecs après lui. Mais ils n'ont su rappeler le moindre souvenir commun – pas de mémoire complice – ni n'ont ce que

j'appellerai «rêvé ensemble». Le régime de l'émotionnel – du tragique par la pitié – n'est pas dépassé. Or
l'intime, je l'ai dit, n'est pas de l'ordre de l'affectif ni ne
relève du sentiment. Deux choses retiennent donc ici le
déploiement d'une intimité : d'une part, la recherche de
l'intensité dramatique exploitant des rôles – c'est déjà
du théâtre ; d'autre part, le discours démonstratif, lui
qui veut convaincre, fléchir et faire céder l'autre : c'est,
de part et d'autre, un discours-plaidoyer (intéressé,
ayant un but : renoncer ou non à la guerre – mais y
avait-il vraiment choix ?). D'une part, donc, la scène est
trop systématiquement agencée, déjà trop habile dans
ses effets, trop maîtrisée, pour qu'elle laisse courir sa
chance à la naïveté de l'intime ; et, de l'autre, les rôles
sont trop bien répartis, définis, pour que le geste de
connivence échappé puisse commencer à nouer une
entente implicite. Seuls *pathétique* et *persuasion* sont
ici présents, déjà, *pathos* et *peithô*, les deux traits grecs
par excellence. Or, l'intime ne naît que quand il n'y a
plus de but envisagé ; qu'aucun effet n'est recherché,
qu'on a renoncé à faire pression sur l'autre et qu'on ne
tient plus aucun rôle. Ou bien une telle intention, si on
l'a eue, est laissée en arrière. Dès lors qu'est franchie la
barrière de l'intime, on n'y songe plus.

2. Or, si l'on pense que cette limite grecque à l'intime, ou ce que j'appellerai plus précisément le non-
déploiement grec de l'intime, est due au caractère
premier et donc primitif d'Homère, on se trompe.
Imaginerions-nous, en effet, une scène de plus grand
partage que celle-ci ? Dans Euripide, la jeune Alceste
accepte de mourir à la place de son mari, Admète, et

les voici sur la scène, l'un près de l'autre, pour un dernier instant (*Alceste*, v. 273-392). Elle va ou plutôt est
en train de mourir sous nos yeux. Or, la jeune épouse
ne pense qu'à son honneur et à ses enfants ; et l'époux,
de son côté, ne songe qu'à la douleur de rester seul :
« combien ta mort me prive… ». L'un donc se sacrifie
à l'autre et cet autre le déplore amèrement, Euripide
n'épargnant rien bien sûr pour pousser aussi loin qu'il
peut l'exploitation systématique d'un tel accablement :
« Je meurs que tu meures… », etc. – toujours la rhétorique, le jeu de l'extrême et du pathétique. On en reste
néanmoins au chacun pour soi : elle sacrifie sa vie, oui,
elle en est fière, mais elle ne partage pas pour autant
avec cet homme auquel elle s'immole – *ne vit pas avec
lui* – ce dernier moment qui leur est donné. Non que,
devant sa mort, son moi se raidisse et se rétracte, mais
elle n'y songe pas : elle n'entrevoit pas cette possibilité d'ouvrir sa vie à l'autre, outrepassant son « moi »,
et non seulement de lui céder sa vie, qui n'est qu'un lot
du Destin. Elle (se) montre encore (dans sa générosité),
met en valeur son sacrifice (théâtralement) ; et cela vaut
leçon pour les autres : pas d'*épanchement*.

« Et nous vivrions tous les deux le reste de notre
vie… » fait dire pourtant le traducteur à cette épouse
(Méridier, Les Belles Lettres, v. 295). Or, regardons
bien, le grec ne dit pas cela, même si c'est bien cela que
nous attendions. Il me paraît même que cet infléchissement de la traduction est symptomatique. Car le grec
dit exactement : « Et j'aurais vécu et toi aussi le reste du
temps… », *Kagô t'an ezôn kai su ton loipon chronon*.
Jamais, dans ce dialogue final qui se veut le plus poignant qui soit (et Dieu sait qu'Euripide est maître dans

l'art d'émouvoir), un tel « nous deux » n'a eu de chance d'apparaître. Chacun est demeuré dans son rôle – posture – et dans son *êthos*. Il n'y a pas non plus de « notre vie » qui tienne, de « vie » qu'on envisage de passer ensemble – ce possessif commun, le grec ne le dit pas : n'est envisagé que le « temps », le lot imparti à chacun, dans lequel chacun est enfermé.

Euripide a beau nous faire vivre cette mort en direct, sous nos yeux, cet ultime dialogue entre les époux ne dépasse pas la barrière de la morale et du pathétique. *Êthos* et *pathos*, toujours eux. L'époux poussera pourtant, parallèlement à l'éloge de sa femme, l'éloquence de la non-séparation aussi loin qu'il peut. Cocasserie grecque : promettre non seulement de ne pas se remarier (de porter le deuil pour toujours, de renoncer à toute joie, etc.), mais aussi de coucher avec la statue de son épouse, enlaçant de ses mains son marbre froid : comme il ne veut pas la quitter ! Ou bien encore, non content d'évoquer le retour de sa femme hantant ses songes, il s'engage à se faire ensevelir avec elle dans le même cercueil de cèdre, flanc contre flanc – quel plaisir prend Euripide à ces imaginations poussant le réalisme jusqu'au fantasque ? Néanmoins, que le dramatique soit ainsi porté à son comble, et la théâtralité à son maximum d'effet, n'y change rien. Ou plutôt c'est cela même qui fait barrage à l'intime. Là encore, dans cette scène d'adieux, scène ultime par excellence, ils échangent leurs vies, mais rien ne s'échange *entre leurs vies*. L'un accepte de remplacer l'autre dans la mort – don on ne peut plus généreux – mais cette substitution ne vaut pas ouverture à l'Autre ; ou plutôt elle l'empêche. La source de l'intime – du partage qui fait rencontrer l'Autre en dépossédant chacun de soi – n'a pas affleuré.

Qu'est-ce donc qui éloigne ainsi de nous les Grecs à jamais, demandons-nous, même si nous sommes «héritiers des Grecs», comme on le répète et que chacun sait (ou plutôt sait-on jamais à quel point nous en sommes «héritiers»?). Or ne serait-ce pas d'abord et essentiellement cela? Cela que l'«intime» peut enfin nommer. Les Grecs ont développé ce que j'appellerai, d'un seul concept, le *pathético-rhétorique*, c'est-à-dire avant tout l'art d'«exposer», l'*ekphrasis*, celui de construire systématiquement un cas et de le rendre démonstratif et convaincant, émouvant, le plus «présent», avec un maximum à la fois de clarté et d'intensité (l'*enargeia*); mais non ce que nous découvrons soudain, en retour, comme étant diamétralement son contraire et que l'«intime» globalement désigne.

N'est-ce pas même ce qui fait, en effet, que, le soir, quand nous prendrons au gré un livre sur l'étagère pour incliner à la rêverie, comme on dit, la formule est discrète, ce ne sera jamais un de ceux-là? Que, lisant non plus pour apprendre ou pour nous émouvoir, sans plus de «pour» et de justification, mais, nous laissant aller à ce vague qui nous traverse, sans vouloir le régir, nous ne nous tournerons pas de ce côté-là? Je me le suis longtemps demandé, aimant les Grecs (ou plutôt le grec) comme je le fais. Les Grecs sont restés les hommes du discours argumentatif, par conséquent public, et de la théâtralité, à la fois de l'*agora* et de l'*orchestra*. Les Grecs n'ont pas promu l'intime parce qu'ils exposaient tout, montraient tout, exploraient tout, et ce en dépit de leur culte de l'impénétrable et de l'*aduton*. Or, l'intime

ne s'expose ni ne se représente ; il échappe à l'emprise
de la *mimêsis*. Une subjectivité naïve, secrète, évasive,
ne s'étant pas développée chez eux au « plus dedans »
d'un « soi » se délaissant lui-même, l'autre appartient
définitivement au dehors, la frontière entre dedans et
dehors ne s'y franchit pas. C'est pourquoi, d'ailleurs,
les Grecs se sont trouvés tellement à l'aise pour penser
l'institution et les rapports politiques, établissant ce
Dehors autonome dans le cadre de la Cité. Il n'est pas
d'espace « le plus intérieur », en revanche, connivent et
non plus connaissant, qu'ils puissent pénétrer.

Deux raisons, essentiellement, en Grèce, maintiennent l'« autre » dans son dehors et l'y cantonnent.
D'une part, la tension du désir et de l'aspiration y est
conçue sur le mode spécifié de l'*erôs*. Or l'*erôs*, je l'ai
indiqué, n'a de prise ou ne peut se mobiliser que vis-
à-vis d'un autre qu'on maintient extérieur, à distance,
coupé de soi, avec lequel on ne pactise pas. S'il y a basculement dans l'intime, l'incitation érotique, conquérante et captatrice, aura du mal à se maintenir. D'autre
part, les Grecs sont restés hantés par le souci d'établir
à la fois la limite et la mesure, *peras* et *mêtron* ; ou, dit
négativement, leur obsession se tourne contre l'« indéfini » et l'« excès » franchissant la limite, l'*apeiron* et
l'*hubris*. Ce qui les porte à découper des détermina-
tions isolant ce qu'ils ont nommé l'« être » et l'assignant
(en « essences-présences », les *ousiai*) de sorte que,
dans ce monde aux traits tranchés par la « définition »,
l'*horismos*, la lumière ne saurait éclairer de façon
ambiante et nébuleuse, mais fait ressortir les contours
par son surplomb (le soleil de Platon dans la *Politeia*) ;

et que cette étanchéité de principe, tranchant entre les étants du monde, vaut aussi entre l'autre et soi.

Autant dire que, quelle que soit ma réticence à l'égard des entités culturelles qu'on manie à la louche, je me demande si ce n'est pas là l'élément, ou le milieu propre, au sein duquel nous plonge d'emblée, sans l'annoncer bien sûr, tout texte grec. Sans l'annoncer, puisque n'en sondant pas l'implicite et les partis pris : cet horizon demeure insoupçonné en même temps qu'il est indépassable. Cela d'ailleurs quel que soit le délire, *mania* platonicienne, dont cette pensée soit emportée ou la façon dont elle frôle, fascinée, son contraire, ce qui lui résiste ou contre quoi elle se bat, le démonique et l'*alogon*. Or, il s'agit là, avec l'intime, non de son inverse, mais de son *inenvisagé* : non de ce qui la défie (la stimule), mais de ce qu'elle n'imagine pas (« imaginer », en ce sens, précédant penser), dont le « possible », par conséquent, ne lui apparaît pas. Ne peut donc s'y faire jour, *ne s'y soupçonne pas*, j'y reviens, la ressource à la fois du vague et de l'infinité biffant la frontière de l'intérieur et de l'extérieur ou la rendant fugace, en quoi l'intime porte à basculer.

3. Je proposerai donc de penser l'intime comme ce dont le concept définit négativement les Grecs, c'est-à-dire comme ce qu'ils n'ont pas développé, à côté de la *possibilité* de quoi ils sont passés. Ce que nous avons pris l'habitude d'étiqueter sous le terme d'« intellectualisme grec », et qui sert si souvent d'appellation commode pour nous débarrasser de son énigme, ne pourrait-il pas lui-même être repris – ressaisi – sous cet angle-là ? Car les Grecs, constatons-nous plus généralement, ont

connu le rapport d'intellect à intellect, ou bien entre
des manières de vivre et de se conduire, des vertus et
des caractères qui s'affrontent (des *aretai* et des *êthé*),
mais non pas de sujet à sujet. Ou, s'ils ont fait place à
la nécessité d'un sujet, « su-jet » pensé comme « sous-
jacent » (l'*hupokeimenon* d'Aristote), c'est-à-dire
comme substrat demeurant sous le changement dans
la physique, ou comme ce à quoi des attributs sont pré-
diqués dans la logique, ce « sujet » n'est toujours qu'un
support d'accidents ou de qualités. Sans donc qu'il se
mêle à de l'« âme » – ce fonds sans fond de l'âme ; ou
sans qu'il *rencontre* de l'Autre – les deux manifestement allant de pair. C'est-à-dire sans que, pris comme
on reste alors entre le régime pathétique de l'affect
et, d'autre part, l'élévation autarcique à la sagesse et
la formation éthique, on puisse croire que la relation à
l'Autre puisse aussi être une révélation.

Car l'« âme », *psuché*, peut être posée en principe
vital ou conçue en fonction morale, « se servant du
corps » comme d'un outil, dit Platon, on peut la douer
de conscience et même spéculer sur son immortalité,
elle n'est pas pour autant dotée par les Grecs du pouvoir propre, entrant en rapport à l'Autre, d'*éprouver
l'infini*. Celui-là même que lui découvre et que pro-
mouvra le christianisme, dont il fera sa ressource.
Les Grecs n'ont pas envisagé d'autre accès à l'absolu
que par la connaissance et la capacité du fameux
« intellect ». Aussi, quand Socrate dit à Alcibiade que
« toi et moi, en échangeant des propos, c'est l'âme qui
parle à l'âme » (*tei psuchei pros ten psuchen*, *Alcibiade*,
130 d), on mesure soudain, en passant, incidemment,
mais d'autant plus crûment, d'autant plus violemment,

combien cette formule est loin de signifier ce que, ulté-
rieurement, dans la culture européenne, on serait pourtant porté à lui faire dire. Soudain on a la sensation
brutale que les «Grecs» sont effectivement si loin de
nous; soudain on mesure le fossé, le *gap* : que cette
âme qui te «parle», quand elle n'est plus principe de
vitalité, ne peut plus être entendue, alors, que comme
instance de rationalité; et que le dialogue engagé ne
pourra être qu'un échange «théorique».

Ou bien quand Plotin, héritant de Platon, évoque
l'«homme intérieur» (*ho eisô anthropos*, *Enn.* V, 1);
qu'il appelle au développement d'un «dedans de l'âme»
(to endon) se détournant des choses extérieures; ou
encore qu'il ne considère le langage parlé que comme
une «image du langage qui est dans l'âme» (*Enn.* I, 2)
– aurait-il déjà fait un pas vers l'intime? Il me semble
que non, en dépit de ce que ces formules pourraient
faire accroire, parce que ce «dedans» ne s'entend que
par opposition aux sens et donc refus de toute com-
promission avec le corps: il n'a pas de consistance
subjective et qui lui soit propre. Non, aussi, parce que
cette âme intérieure est de même nature que l'Âme
du monde, elle qui introduit l'ordre dans le sensible
et meut le ciel d'un mouvement éternel. Non, encore,
parce que la perspective reste celle d'une élévation, par
purification et conversion du regard, vers un bonheur
de contemplation par abstraction. Les Grecs ne sortent
pas de cette exigence éthique où l'on ne se forme que
par soi-même, en imitant le modèle divin et par renoncement ascétique: l'«autre», le proche, peut accompagner ce perfectionnement, mais demeure étranger à
son principe.

Or l'intime, né à la rencontre de l'Autre et nous découvrant par franchissement, à travers lui, l'infinité d'un « soi » se dépossédant de lui-même, est ce qui, je l'ai dit, s'obtient sans visée, n'est régi par aucune finalité et, jusque dans son infinité, s'éprouve de part en part de façon sensible, même s'il ne se laisse pas individuer en sentiment ni ne se réduit à l'affectif. Et même l'intime, n'est-ce pas d'abord cela : du sensible « le plus intérieur » qui, par partage, va se déployant subjectivement à l'infini, ou *fait découvrir l'infini* par sa ressource ? Or, chez Plotin, ce que « voit » l'âme, ce à quoi elle accède en se tournant vers l'« intérieur d'elle-même », n'est autre que l'« intelligence » *(noûs)* qui en est la « forme » et dont elle procède, n'en étant elle-même que la « matière » et le « réceptacle », selon ces vieux couplages grecs qui sont ceux de la démiurgie et de l'imitation. Plotin ne sort pas de cette option théorique où l'accès à l'absolu ne se fait que par intellection ; toute aspiration, chez lui, si marquée qu'elle soit de religiosité (et c'est là pour nous le paradoxe qui le rend si touchant en cette fin d'hellénisme), reste une aspiration à l'abstraction. Tels sont définitivement les Grecs et ce qui nous sépare d'eux.

Le Dieu auquel j'accède ainsi en le « priant seul à seul » (*Enn.* V, 1) – ne croirait-on pas alors à un Dieu personnel ? – n'est pourtant pas un Dieu-conscience, un Dieu d'Appel, Dieu qui m'écoute et que je rencontre, mais l'Un premier vers lequel l'esprit rétrocède pour en admirer, au terme de cette ascension, la transcendance ultime, *i.e.* qui ne peut plus d'aucune façon être transcendée : de quelle ressource de l'intime pourrait-il donc nous gratifier ou seulement être le truchement ? Ou si,

dans le Là-bas céleste, il y a bien «transparence» de
tout à tous, projette Plotin, chacun étant manifeste à
tous «jusque en son dedans» (en son «intimité», traduit Bréhier, *eis to eisô* : «chacun a tout en lui et voit
tout dans chaque autre», *Enn.* V, 8), cet autre qui se
laisse alors totalement traverser par le regard est désin-
carné, au sens propre, n'a plus de trait ni de destin
qui le singularisent : il n'a plus rien de l'individuel-
existentiel, et par suite d'événementiel, auquel l'intime
est lié ; dont l'intime tire sa possibilité. Les Grecs, pour
raccorder leur physique du devenir à leur souci ontologique, ont bien commencé à mettre en place un dispositif du «sous-jacent» ou du «su-jet», mais celui-ci,
n'étant qu'un support d'attributs et de prédication, est
net de toute expansivité qui le déploierait en le libérant de son quant-à-soi ; ne faisant pas l'expérience de
la rencontre de l'Autre, il se referme en visée solipsiste.
On s'élèvera solitaire à la sagesse.

V – Vie flottante/vie ancrée

1. Si, prolongeant cet examen, pour esquisser ce qui serait une géographie culturelle de l'« intime », j'en reviens momentanément à la culture chinoise, je crains aussi que l'enquête, en ce cas, tourne court ; ou qu'il faille d'abord être un peu patient et chercher dans ses marges. Marginal par exemple, mais infiniment touchant, ce que nous lisons dans les *Six récits de la vie flottante* de Shen Fu *(Fu sheng liu ji).* Voici un texte qui date de la fin du XVIIIe siècle, du dernier moment par conséquent où la culture chinoise n'a pas encore subi l'influence des conceptions occidentales, et qui est composé, plus que de récit à proprement parler, de souvenirs et de notes prises « au fil des jours », s'ajoutant et s'égrenant à la suite, sans ordre strict et globalement classé par thèmes : la trame en demeure donc plus disponible, elle peut capter l'incident et l'aparté. Car, de la Chine, on connaît surtout, d'ordinaire, l'importance qu'elle accorde au rituel et, par suite, à la séparation des sexes assurant la moralité ; et, comme on sait que les relations humaines, adaptées qu'elles sont de la grande régulation naturelle, celle du Ciel et de la Terre, y sont fortement hiérarchisées, relations de bienveillance d'une part, de soumission de l'autre, on soupçonnera à bon droit que l'événement de l'intime a du mal à s'y faire reconnaître, singulier comme il apparaît : à la fois défaisant l'inégalité de rang entre les personnes et n'appartenant qu'à la vie privée. N'introduirait-il pas comme une dissonance, quelque chose comme un accroc, au sein de cette grande fonctionnalité sociale et de sa suprême « harmonie » ?

Or, voici que ce texte-ci est écrit à la première personne et se présente comme des « notes » prises au fil des jours. Son auteur appartient à un moment de réaction à l'encontre du grand appareil normatif de la civilisation chinoise : moment où l'on vise à s'affranchir de l'autoritarisme du pouvoir, où l'on veut faire sa place à l'individuel, où l'on prône le retour à l'émotionnel et à l'« authentique » (*pu* 朴, dit la littérature taoïque). Car seule cette expression empreinte de spontanéité *(xing ling* 性灵*)* peut saisir quelque chose, « quelque chose » d'effectif, si fortuit, si ténu soit-il, et ce à l'encontre de la littérature officielle, et d'abord de dissertation d'examen, sclérosée et plus rigide encore sous le pouvoir censurant des Mandchous. Cet auteur lui-même est lettré, mais n'a pas fait carrière ; il vit modestement de petits travaux, à peu de frais. De là que son attention se reporte tout entière sur ce qu'on peut retenir de la vie, en son particulier, vie fragile, qui ne cesse de se dissiper : vie « fugitive », se découvrant, une fois qu'on a dépassé l'illusion de l'ordre étatique imposé, sans constance et sans consistance, sans grand but à quoi on croit pouvoir se vouer, sans cause réputée noble à quoi s'attacher. Vie « flottante », instable, évanescente, où tout ne cesse de passer et d'être emporté. Or l'intime n'est-il pas ce qui seul peut modestement (minimalement) se retenir de tout ce glissement ? Le premier chapitre revient sur la vie à deux.

Le titre de ce chapitre, à lui seul, nous approche de l'intime : « Notes de la joie de la chambre à coucher » *(gui feng ji le)*, comprenons : de la vie mariée. Car, sur fond de vie qui passe, tout entière dans la sphère du privé, sans hauts faits, où rien ne se grave de mémorable, d'historique et d'important, seule compte effectivement la petite histoire, celle qu'on vit à deux, à l'écart des autres et d'abord de la grande famille chinoise et, plus encore, du vacarme des événements et des grands tremblements du monde – sur eux d'ailleurs Shen Fu se tait. Que peut-on en mentionner si ce n'est d'abord ces émotions fugitives qui surgissent sur fond d'entente, dans le vide des affaires, et qu'on partage entre époux, du fait de l'union tacite, du retrait et de la connivence ? Ou disons plutôt que ces occasions-émotions, ils ne les perçoivent qu'à deux et grâce à leur connivence, dans l'« entre » de leur entretien : c'est d'être *à deux* qui les fait saillir, si peu saillantes qu'elles apparaissent. Si l'auteur, ici, ne fait donc guère de récit continu qui, par sa trame, conférerait encore trop de consistance, mais qu'il note au gré du pinceau *(bi ji)*, c'est bien que cet anecdotique est le seul précieux, ou que cet accidentel a valeur indicielle : qu'il est somme toute le plus marquant, dans sa discrétion, par ce qu'il porte d'émotion non apprêtée, d'événement fortuit et qui n'est pas encore construit – et raidi – par une perspective imposée. De la vie « flottante » *(fu sheng* 浮生*)*, dit Shen Fu, ne gardons que ce qu'on jugerait d'abord inessentiel, puisque c'est seulement dans ces alvéoles creusées par le quotidien, au creux de ces petits faits, que se retient du vécu : cet émotionnel si furtif, si fugitif, à tout le moins, n'est pas factice.

2. Néanmoins, à relire un tel texte, je m'interroge : pourquoi, alors qu'il y a là tant d'ingrédients d'une conscience de l'intime, cet intime finalement n'ouvre-t-il rien – sur rien, ne « prend »-il pas ? Des conditions et des manifestations de l'intime s'y rencontrent, et même de façon typée, mais elles restent égrenées au fil des pages et ne dessinent, au bout du compte, aucune issue. Il y a bien tendresse entre les époux, et même elle est si touchante, attachés qu'ils sont l'un à l'autre comme « l'ombre et le corps », ou « tempe frottant contre tempe », dit délicatement le chinois ; mais cette liaison garde quelque chose, disons, de sororal (ils se sont mariés jeunes et par agrément des familles). Ne survient pas soudain l'événement qui change tout : qui fait passer brusquement du dehors indifférent au dedans de l'intimité. N'intervient pas la décision – l'aventure et le risque – d'une *conversion à l'intime*, détachant celui-ci en expérience propre et qui, je l'ai dit, dans son principe est inouïe. De même y a-t-il bien la complicité de gestes mentionnés en passant : la main prise sous la table, le jour des noces ; y a-t-il bien des apartés dans le corridor, la peur de l'intrusion des autres et tout le furtif d'une relation qui tente de se mettre à l'abri des agressions du monde. Mais tous ces traits restent de l'ordre de l'inclination, ils ne coagulent pas, si j'ose dire, en option : ils ne se constituent pas en possibilité dissidente vis-à-vis de l'ordre du monde et des choix ou non-choix des autres – « possibilité » formant socle, sur quoi l'on s'appuierait et qui ferait révolution dans la vie.

Ou encore y a-t-il bien l'aspiration entre eux deux, formulée à la frontière de la croyance et de la convention, que leur union puisse durer toujours, y compris dans d'autres vies, à travers d'autres réincarnations. Mais s'est-il produit en chacun d'eux, demandons-nous d'abord, la *rencontre* de l'Autre ? Rencontrer l'« autre », l'autre en tant qu'autre et que singulier : l'Autre qui, parce qu'il est d'abord perçu comme absolument extérieur, peut du même coup, par son intrusion dans notre espace intérieur, y faire surgir un plus dedans de soi ; et servir dès lors d'assise, seule fiable, à ce « soi ». Ne s'est pas réalisée, en d'autres termes, par la médiation d'un Autre se levant soudain du fond du monde et s'en détachant, d'un « autre » qui n'est plus autrui, la révélation d'un infini possible au plus intérieur de soi, d'un soi qui n'est plus limité à « soi », c'est-à-dire faisant surgir une ressource infinie dans ce nous partagé. C'est donc peut-être moins le rituel ou l'inégalité des conditions, tels qu'ils sont traditionnels en Chine, qui font barrage ici à l'intime, même si l'auteur, confie-t-il au passage, y trouve son épouse encore trop attachée, que d'abord ce fait : que nous ne sortions pas de l'émotionnel et de l'affectif, c'est-à-dire que ne se dégage, de cette liaison, la possibilité d'aucun grand renversement ou basculement. Cette relation à l'autre ouvre une marge, un repli, un retrait, mais nulle folle espérance. Il n'y a pas, par elle, de Bonne Nouvelle annoncée.

C'est dire que l'universelle impermanence dans laquelle ces vies se découvrent et qui les emporte, sans « Être » à quoi s'accrocher, empêche la constitution d'une subjectivité, comme «sous-jacement» d'un moi, dont l'intime, par la rencontre de l'Autre, soit à la fois le révélateur et l'approfondissement. Y a-t-il même «âme», à proprement parler, comme support de l'intime? Quand il est traduit, à l'occasion des retrouvailles des époux: «Nos mains s'étreignirent, nous restâmes sans voix, égarés, les oreilles bourdonnantes, et nos deux âmes s'unirent en un nuage, oublieuses de leurs corps» (Pierre Ryckmans, p. 23), il ne faut pas négliger qu'«âme» désigne seulement, en Chine, un vague principe vital (il y en a, à la mort, dit-on populairement, trois retournant vers le ciel, sept vers la terre) et que ne figurent pas plus ici, en chinois, de «nous» ou de «nos» que n'est exprimée d'«union». Si l'on traduit plus précisément (car il ne faut pas se hâter d'assimiler et de revenir, en traduisant, à ce qu'on attend): «De deux êtres humains, âme(s) vaguement se transformer en fumée devenir nuée.» La formule dit une extase par échappement de la limitation physique et fusion avec le flux décanté – en transformation continue – des choses, mais non pas quelque communion, perdurant dans le devenir, entre des «sujets».

Si le fond de religiosité qu'on entrevoit dans ces pages n'est jamais explicité, encore moins dogmatisé, on n'en devine pas moins, en effet, de quel syncrétisme il émane, fait de bouddhisme, comme il est commun à cette époque en Chine, auquel se mêle le «taoïsme» du *Zhuangzi* si familier aux lettrés détachés du monde. Or, comme on n'y perçoit la vie humaine, à l'instar du cours des choses, qu'emportée dans un continuel «flottement» et vacillement, sans absolu à quoi s'attacher, il devient dès lors impossible que ce qui se noue de

tendresse aussi bien que de connivence entre ces personnes, parce que ne trouvant pas d'appui, puisse se
cristalliser en perspective de vie et raison d'être. Je me
demanderai même, au fond, si cet attrait qu'exercent
ces époux l'un à l'égard de l'autre ainsi que son
caractère infiniment touchant se distinguent si nette-
ment de ce qu'on lit, aux chapitres suivants, de l'attrait
délicat éprouvé pour les arrangements floraux et les
paysages. L'humanité de l'Autre (mais celui-ci s'est-
il constitué vraiment en « autre » ?) se détache-t-elle
si radicalement, est-elle complètement à part, au sein
de cette rhapsodie continue des sensations-émotions ?
Autant dire que, pour que l'intime dépasse le stade du
sentiment et se promeuve en expérience faisant muter
l'existence, il faudrait que s'y découvre un support, ou
« sous-jacement », qui fonde la condition de possibilité
du sub-jectif et de son épanchement.

3. À la vie « flottante » *(fu sheng)*, celle qui s'égrène
au fil des jours, par et selon ce seul enchaînement des
jours, qui ne se rapporte donc à rien qu'elle-même, ne
se fonde en rien, n'est dévolue à rien, tient tout entière
dans son renouvellement de soirs et de matins, de jours
et d'heures, de saisons et d'émotions, Shen Fu n'a garde
en effet de rien ajouter qui la régisse, la guide, la sauve
et lui serve de fin – qui l'élève en destin. Il y a seulement les couchers et les levers des astres, les rencontres
attendues ou survenues, les habitudes acquises et les
surprises, des feuilles qui tombent et des fleurs qui
éclosent, le vent qui baigne de tiédeur le bord de l'eau
ou qui mute en bourrasque. Il y a bien aussi ces deux
existences si tendrement attachées l'une à l'autre, mais

elles ne sont rien de plus, elles-mêmes, que cette commune évanescence. Ou plutôt elles n'ont pas d'«elles-mêmes», d'*en soi* ferme qui les stabilise : légers fétus en train d'être emportés. Aussi ce qui se noue entre elles, au sein de cet écoulement généralisé, n'ouvre sur rien, ne leur découvre rien. Si intimité il y a, il n'est pas de perspective sur laquelle elle puisse déboucher.

Car, dans ce cours «flottant» de la vie que se contente de rapporter Shen Fu et ne se laissant corseter dans quelque vérité qui tienne, il n'est aucun choix qui véritablement s'impose, on ne rencontre pas d'alternative ou de moment crucial à partir de quoi du jugement se tranche, de la vie se décide et peut s'ériger. Bref, il n'est pas de grand «pari» qui vaille. Ou, s'il y a choix, ce sera seulement, d'enjeu minime mais qui seul compte, le *choix du goût* : entre des saveurs de mets ou des odeurs de plantes, dans l'art raffiné d'agrémenter le moment, de le varier et de le faire durer, d'en relever, mieux que le décor, l'ambiance et l'intensité. Puisque seul le moment compte, que seul ce phénoménal existe, et qu'il n'est d'autre fonction à l'intériorité, en définitive, que de faire passer la sensation en émotion, ou le fait en affect. Rien n'existe davantage, au-dehors, en effet, que cette eau qui s'irise, ou cette lueur qui décline ; au-dedans, que leur impression. Choix se portant donc sur une infinité de «petites choses», à proximité, recherchées avec simplicité, selon une appréciation cultivée, fait de préférence et non pas d'exclusion, mais qui suffit à faire la différence. Elles sont (font) le charme de cette évanescence de la vie : «charme» de ce qui toujours déjà s'en va ; qui attire d'autant plus qu'il se retire, déjà teinté de nostalgie, et que seulement on peut «cueillir», comme l'a dit l'esthétisme en tout temps comme en tout pays. « Cueillir » : la formule en reste là, se refuse à l'approfondissement. Car on ne pourrait l'approfondir, justement, qu'en construisant de l'alternative, en érigeant des options, c'est-à-dire en instaurant de la « vérité ».

Shen Fu représente ainsi, à l'aboutissement de la tradition chinoise, l'extrême de la *vie flottante*, mais non pas « errante » (au sens de la « conscience errante » dans le langage théologique européen) : à la fois de son exploitation esthétique au fil des jours – au gré des impressions – et de son enregistrement affectif, mais se gardant du pathétique ; il tient délicatement la mesure entre les deux. Vie fragile, instable, non orientée, si ce n'est par le déclin qui d'emblée la menace, ce retrait qui travaille déjà toute apparition : nulle ontologie, ni non plus aucun Message, ne tient derrière. La vie s'efface comme elle est apparue ; même quand on brûle des bâtons d'encens et qu'on dit des prières, on ne « croit » pas avoir véritablement prise sur cet écoulement – la question d'ailleurs se pose-t-elle ? L'esthétisme n'est pas sans se plaire à ce ritualisme, mais n'a garde aussi de s'y investir et de s'y rétrécir. Car il n'est rien qui prenne effectivement en charge cette immanence ; donc aussi sur quoi, dans son rapport à l'« autre », la conscience de l'intime puisse s'appuyer pour se développer.

4. Vis-à-vis de quoi, Augustin, si j'y reviens, ouvre le plus violent contraste : pour sortir son existence de son vacillement généralisé, Augustin choisit de l'arrimer de façon définitive. De la caler sur de l'éternel, mais qui soit aussi personnel, de l'intégrer dans une Histoire, mais qui soit du Salut et puisse ainsi servir de gaine et de réceptacle à son intériorité dérivante. Vie non plus ténue mais tenue – vie résolue. Opérant l'articulation, au seuil de la civilisation européenne, après déjà deux siècles de patristique, entre l'ontologie et l'eschatologie, l'Être et la Fin, entre la fondation dans l'Être (venant des Grecs) et l'affirmation d'un Sens («hébraïco-chrétien»), Augustin tient tout entier dans cette décision, intervenant une fois pour toutes, décision abrupte, aussi totale qu'elle est arbitraire, d'en finir avec ce ballottement de la vie – d'*ancrer* la vie. À elles deux, si l'on se permet de les tirer de leur contexte et qu'on les place côte à côte, ces pensées ouvrent exemplairement l'éventail des possibles, par leur écart, et même forment une alternative dans leur abstraction. Voire, ne s'agirait-il pas là de l'alternative par excellence? Elles dressent des antipodes entre lesquels nous choisissons nos vies.

Car Augustin, lui, du moins a tranché et, ne cessant de répéter et de justifier ce geste, de cet ancrage fait la «vérité». Augustin ne fait rien d'autre, au fond, que de montrer le port où accoster, pour sortir de ce «flottement», et d'y venir jeter l'ancre. Non seulement tous les prédicats jugés positifs sont retirés de l'éphémère et de l'ambigu et, comme tels, absolutisés, puisque seuls «étant» vraiment: l'Être, l'éternel, l'absolument bon (et c'est pourquoi Augustin en veut tant au manichéisme, après avoir été séduit par lui, celui-ci les opposant à leurs contraires qu'il fait exister également). Mais voici que cette idéalité se trouve par le christianisme inscrite dans une Alliance où chaque vie prend son sens, incarnée dans une Personne à qui chacun s'adresse, posée non plus en principe, mais en Sujet premier, celui-là même dont procède toute subjectivité. L'Être est devenu l'Autre, l'Autre le « Toi ». On n'accède plus à l'absolu par le chemin de la théorisation et de l'abstraction, comme chez les Grecs, mais en se confiant à « Lui », le Dieu de « vie ». Or, une fois cette résolution prise, toute vie – toute la vie – se laisse emballer par cette adhésion.

Augustin faisant de « Dieu » le lieu de tout accueil et de toute destination, sa résolution vaut conversion. J'ai besoin d'ancrer ma vie, de la retirer de cet en-cours, de mettre fin à sa fugacité et son « flottement » et, pour cela, je pose Dieu. « Dieu », comme Autre et comme Extérieur, est (nomme) l'assiette ou l'assise de ma vie : je ne vis plus une vie qui « va », mais une vie référée, happée par ce qui la fixe, et c'est cette indexation que j'appelle la « foi ». Je ne me demande pas si je « crois » en Dieu, ou cette question n'intervient qu'après coup, dans un discours rétrospectif de justification ; mais, parce que je ne tiens plus dans cet éphémère et ce vacillement, je décide d'instaurer « Dieu » comme partenaire de ma vie et seul repère – Augustin ne sort jamais de cet arbitraire de départ qu'il ne fait plus, dans les *Confessions*, que commenter. La question : « Dieu existe-t-il ? » (« Et si Dieu n'existait pas ? ») ne le touche pas. Plus exactement, elle ne le rencontre pas dans ce besoin de s'épancher en Lui d'où vient l'intime.

5. Autant dire que c'est cette façon de poser « Dieu » qui, je crois, par la révolution qu'elle opère, a ouvert – découvert – la possibilité de l'intime en Occident. Car il est temps de penser le christianisme non plus du point de vue du dogme et de la foi (y « croire » ou non); ni non plus en rapport à l'histoire des religions ou des sociétés (comme forme du monothéisme ou, par exemple, dans la relation qu'il a entretenue avec le politique); ni non plus selon la seule histoire des idées ainsi que l'influence qu'il a exercée en Europe sur le développement de la philosophie (on sait, par exemple, que l'amorce du *cogito* elle-même est dans Augustin). Distinguons aussi de la traditionnelle philosophie chrétienne ce que serait cette *philosophie du christianisme*. Celle-ci donnerait à considérer le christianisme d'un point de vue qui ne soit plus proprement interne (dogmatique) ni non plus extérieur (culturel et social), mais en nous demandant ce qu'il a promu comme ressource et possibilité dans l'humain : en quoi il nous a « formés », comme disait Nietzsche, indépendamment désormais de toute croyance, c'est-à-dire en quoi il a transformé et fait muter notre expérience. Or je crois qu'on peut récapituler au moins trois aspects selon lesquels le christianisme a promu l'intime. D'abord parce qu'il a porté l'idée d'un *événement* qui change tout et tel qu'il puisse faire basculer l'existence ; ensuite, parce qu'il a fait lever la barrière, par cet événement de la rencontre, entre l'Autre et soi ; enfin, parce qu'il a produit un lieu propre à l'intime en déployant une subjectivité infinie. Autant de conditions de possibilité dont il faut mesurer combien elles sont inventives.

Car on doit au christianisme – ce « doit » signifiant ce qu'on tient de lui – la conscience (confiance) qu'une décision puisse faire irruption dans nos vies et par son événement tout emporter. Mais que signifie ce « tout » ? Qu'un basculement – chavirement – puisse s'opérer dans son rapport à l'Autre, qu'on choisit d'assumer, c'est-à-dire de risquer : qu'on laisse ainsi envahir tout le reste, qui n'est plus que du « reste », au point qu'on en soit désapproprié de « soi » pour mieux se trouver. Au point que l'on en attend tout, que plus rien n'est à part. Au point que ce à quoi je ne songeais pas – ne rêvais pas – effectivement se réalise. Un possible s'ouvre soudain devant moi que je n'imaginais pas. Or cela n'est possible, nous enseigne le christianisme, qu'avec et par un Autre. Cependant rien ne paraît avoir changé aux yeux des autres, le bouleversement est d'autant plus grand que tout paraît suivre son cours ordinaire et que rien de lui n'a besoin de s'afficher. Renversement, comme on dit, de fond en comble, mais au plus intérieur – qui va chercher ce fond et le retourne (Paul sur le chemin de Damas) : soudain plus rien ne sera comme avant, même si cela ne se montre pas.

Or cette histoire exceptionnelle ne peut-elle être aussi la plus ordinaire ? Inouïe comme elle est, n'est-elle pas aussi, comme l'affirme le christianisme, toujours à notre portée ? Ils étaient jusque-là, entre eux, dans un rapport somme toute assez banal, fait d'inclination, voire de séduction, mais également de réserve, composant aussi avec le semblant et l'intérêt. Chacun gardait la mesure, son « quant-à-soi », et se préservait – s'appartenait. Puis, soudain, un jour, mais ce jour bien sûr est un résultat, ils font tomber la barrière, tel est l'*événement de l'intime*, ou plutôt la barrière est tombée entre eux, eux acceptant progressivement qu'elle soit tombée : un pont s'en est trouvé jeté, un tunnel est percé, d'une place à l'autre – « place » comme on dit forteresse. Qu'on l'appelle solitude ou bien autarcie, cet appareil de défense de tout un chacun (qui fait un

« chacun »), dans leur cas, s'en trouve aboli ; il est défait pierre à pierre : non seulement le marais du social est franchi, la frontière de l'« autrui », mais également la limite de ce qu'on se doit à soi-même est outrepassée, de ce qui faisait la propriété d'un « soi ». Ils se retrouvent par enchantement, ayant du mal à y croire et tâtonnant dans cette nouveauté – face au « monde », à l'« autrui » – du même côté.

En fait, ce n'est pas tant que quelque chose soit arrivé qui compte (que, un soir, elle se soit « donnée »), mais qu'ils soient conduits plus ou moins tôt à l'assumer : qu'un « toi » tout autre en soit germé ; qu'ils en viennent à tirer les conséquences de cette pénétration ouvrant un dedans partagé. Si qu'ils se soient retrouvés corps à corps a pu en être le déclencheur, l'important est qu'ils en fassent l'événement qui change tout, qu'ils laissent (acceptent) que leur vie en soit bouleversée. Or le christianisme a apporté cette dimension d'événement « fou », se reconnaissant comme fou (la « folie » de la Croix, *môria*), ou de ce que j'appellerai le « renversant » ; il a implanté cette possibilité d'un miracle venant de l'Autre et procédant d'une telle décision-acceptation. On pourra mesurer à loisir, après coup, tout ce qui, par transformation silencieuse et transition, a conduit à ce résultat, au point de n'y plus voir qu'un affleurement sonore, longtemps mûri, qui soudain fait basculer, il n'en reste pas moins affirmé que l'inouï – l'incroyable – peut arriver ; et que, par effraction-médiation de l'Autre, un cours tout différent des choses, au sein de ma vie, peut commencer : ce qui s'appelle « rencontrer ».

6. Que, par ailleurs, dans l'expérience de l'intime, l'autre puisse se révéler ainsi m'habitant moi-même, se trouve porté par le christianisme de deux façons ou dans les deux sens. Car, d'une part, « Dieu » nomme ce Dehors incommensurable (celui que met en scène la Création) qui, par ce renversement, se découvre soudain tourné vers moi et s'adressant à moi ; c'est même lui qui me découvre, pénétrant au-dedans de moi, un « plus dedans » de moi. D'autant plus il est posé extérieur au monde et le transcende, d'autant plus il me révèle d'intériorité possible, en moi-même, et la creuse : c'est pourquoi cet intime qu'il me découvre est en même temps infini. Ou bien je dirai : cette Extériorité infinie (de l'Infini) ouvre en moi une intériorité qui n'est plus close, mais infinie elle aussi. Ce que dit l'incarnation du Christ, à la fois totalement homme et totalement Dieu (l'idée originale du christianisme) : que celui qui ne fait qu'un avec Dieu puisse éprouver ma peine ou ma joie, en moi, comme moi – dans mon humanité. D'autre part, en retour, ce dedans s'éprouvant en plus dedans de moi (que « moi »), et ce par effraction d'un Dehors en moi, se retourne lui-même en ouverture à ce Dehors et comme appel à l'Autre. En sondant en « moi », je ne peux demeurer enfermé dans ce « moi », j'y découvre le besoin d'invoquer un « Toi ». C'est même là l'expérience qui fait l'universalité du christianisme : celle que, à la lumière de ce que décrit Augustin, chacun peut faire, peut vivre à tout instant avec qui il a décidé, serait-ce le premier venu, en nouant une relation « intime ».

C'est pourquoi Augustin ne peut débuter ses *Confessions* que par ces mots : « Tu es grand, Seigneur... »

On ne peut parler *de* Dieu (il se retire aussitôt dans l'ineffable), mais on ne cesse, en revanche, de parler *à* Dieu, de s'adresser à lui : il *est* l'*Autre* à qui je parle. Il est donc devant qui je me découvre : c'est en m'adressant à « toi » que je me trouve en « moi » ; parce qu'un « toi » (Dieu) est érigé (éprouvé) au départ de mon existence (ce que signifie que je suis « créé »), « je » peux effectivement exister, un *je* peut s'instaurer. Dieu, « voyant » tout de moi (« Toi à qui sont comptés mes cheveux… »), est du même coup ce qui donne sa condition de possibilité à un sujet effectif. Dieu (« Toi ») est ce qui me fait voir ma vérité, fait que, de ce « moi », il y ait une vérité possible : « Qui pourrait me l'apprendre sinon celui qui illumine mon cœur et en débrouille les ténèbres ? » De ce que Dieu me connaît, ce *je* prend sa consistance : ce tréfonds de moi qu'il ouvre au fond de moi est même le plus solide puisqu'il peut être érigé désormais en « temple » où le prier.

Dans ses notes de la « vie flottante », Shen Fu ne s'est jamais arrêté, bien que faisant ce qu'on appellerait une autobiographie, à ce qui serait son « moi ». Et même le bouddhisme déchire-t-il d'un coup ce voile de Maya qui fait croire à un « moi », renvoyant à la fois ce moi et ce monde dans l'illusion du désir. Aussi attardons-nous sur cette originalité, ou disons plutôt cette ressource (car il s'agit d'en tirer parti), que le christianisme nous découvre, et ce en la débarrassant de ce qui la dissimule historiquement ou dogmatiquement. Sa « vérité » est cette *possibilité* qu'il ouvre : un « moi » sort de son « flottement » et de son vacillement, grâce à un « Toi ». C'est parce que (dans la mesure où) s'est constitué ce Toi découvert en moi (« Dieu ») qu'une subjectivité du moi peut se déployer, débordant ce «moi». C'est par l'intimité de Dieu en moi, autrement dit, Dieu étant même «plus intérieur que mon intime», que «je» peux accéder à de l'Être, qu'un sujet peut se connaître dans sa vérité et même qu'il se découvre engagé dans un devenir infini en même temps qu'il est singulier.

Une fois cette source de l'intime apparue dans l'Histoire, il ne restait plus qu'à l'exploiter sur un plan proprement humain. «Il ne restait plus...» : la formule, bien sûr, de ma part, est ironique. Car cela a pris tant de siècles, en Europe, et même c'est cela qui d'abord, intellectuellement, a fait l'«Europe». Tant de travail – tout son travail? – est là. Des *Confessions* d'Augustin aux *Confessions* de Rousseau. Tandis que l'art de Shen Fu était de recueillir des impressions personnelles s'égrenant au fil inconstant des jours, y compris dans la vie à deux, Rousseau, à la même époque, ne cherche pas seulement à se connaître, comme l'a voulu une longue tradition, en Europe, débouchant en Montaigne ; mais il promeut un tel *intime humain*. En gardant ce dispositif d'Augustin, qui sera le grand dispositif de la pensée européenne : parce que devant «Dieu», parce qu'en rapport à «Toi». Mais ce «toi» en vient à se délier du Dieu qui l'a promu. Cette déliaison est, comme on sait, l'histoire de notre modernité débutant en Rousseau.

VI – Accéder à l'intime – Rousseau

1. Car il ne faut pas seulement qu'un «moi» parle de «soi», se décrive et se raconte, qu'il s'applique à se peindre et même qu'il s'y complaise, pour qu'il accède à la source de l'intime à l'intérieur de soi. Il ne lui suffit pas non plus d'«ôter le masque». Même il ne suffit pas qu'il veuille se confesser et «tout dire». Témoin Montaigne. On connaît la règle que s'est donnée l'auteur des *Essais* : «Je me suis ordonné d'oser dire tout ce que j'ose faire…» («Sur des vers de Virgile»). «La pire de mes actions et conditions ne me semble pas si laide comme je trouve laid et lâche de ne l'oser avouer.» Montaigne n'hésitera pas à faire «voir son vice et l'étudier pour le redire». Mais qu'est-ce que «confession» peut alors signifier? À la différence de la confession «privée et auriculaire», celle qu'incriminent les huguenots à l'encontre des catholiques, «je me confesse en public, dit l'auteur des *Essais*, religieusement et purement». Pourquoi d'ailleurs le soupçonner de n'être pas aussi sincère qu'il le prétend? Bref, prenons-le au mot: «Je suis affamé de me faire connaître…» Je «me vois» et «me cherche jusques aux entrailles» et sais «bien ce qui m'appartient».

Sincérité cependant n'est pas *intimité*. On peut, comme le veut Montaigne, « s'obliger à tout dire », mais qu'est-ce que ce « tout » qu'on songe à dire ? Quel est le « tout », ou même seulement le quelque chose, auquel je fraye ainsi en moi un accès ? Est-ce vraiment de « tout » dire qui compte – je ne cacherai rien – ou n'est-ce pas plutôt jusqu'où je parviens (je « songe ») à dire – et d'abord à saisir – de ce qui fait ce « moi » (se décloîtrant de soi) ? Car ce « tout » à « publier » peut être celui de ses « actions » et même de ses pensées « impubliables » ; on peut vouloir confesser, comme le dit encore Montaigne, les erreurs non seulement de ses « opinions », ainsi que l'ont fait Augustin et les Pères, mais aussi de ses « mœurs » – ce n'est pas pour autant là la radicalité ou *pénétration* de l'intime. On n'a pas pour autant accédé à la possibilité de l'intime en soi. Car ce que Montaigne « confesse » de lui relève encore de l'observation morale ; il vise à s'étudier pour mieux se conduire ; ce qu'il livre de personnel fait pendant à la généralité de la maxime et y induit. Aussi le « moi » que produit Montaigne est-il un moi qui se possède encore, n'a-t-il pas la gratuité de l'intime qui va s'épanchant, se donnant, et ne tend à rien qu'au partage. Pascal, sinon, faisons-lui confiance, n'aurait pas reproché à Montaigne ce « sot » projet de se « peindre ». Il ne s'y serait pas trompé. L'intime est bien autre chose.

Car quel est ce « le plus intérieur » que livre l'intime ? Il est ce qui s'atteint, en soi-même, non pas de ce qui serait nécessairement le plus caché, mais de ce qui est le plus *retiré*, en même temps que le moins possédé, et n'est même plus conduit par quelque but ou visée : l'intime ne cherche plus à instruire. On le rencontre sur un

mode ou dans un esprit non pas tant spéculatif, inquisi-
teur, que « pensif », ou « songeur » ; il a partie liée avec
la pensée qui se relâche, qui est plus portée à recueillir
qu'à saisir – autant dire que ce qu'il y faut alors de
déprise le rend le plus difficile à capter. Car il est prégnant et non pas isolable, le plus fugitif en même temps
qu'expansif ; il est évasif et par suite inappropriable : en
même temps qu'il est le plus personnel, il s'associe à un
lieu, à une heure, s'imprègne de paysage, s'appréhende
circonstanciellement et par ambiance. C'est pourquoi
il s'étudie moins qu'on ne s'en souvient ; ou plutôt on
s'en souvient moins qu'il ne revient incidemment à la
mémoire ; et, quand il nous revient, on voudrait moins
le « confesser » que le confier. De là qu'il tend moins à
se faire « connaître » qu'à se faire partager.

Or Montaigne se décrit, se raconte, se souvient,
s'appartient, mais il ne laisse pas revenir à sa mémoire,
remonter à la surface. Son « moi » illustre, il sert à (se)
connaître, il reste de l'ordre de l'*exemplum* et de la propriété. Son « tout dire » est encore le « tout dire » – la
parresia – des stoïciens, à visée morale et d'édification.
Il ne va pas plus loin ; même sa relation avec La Boétie,
si privilégiée qu'elle soit, n'accède pas à l'intime. Or,
si le christianisme a rompu avec ce moi autarcique,
demeurant indépendant, de la sagesse, c'est qu'il a
promu un moi ouvert à la rencontre-événement, celle-
ci s'éprouvant singulièrement en même temps qu'elle
dépossède de ce « moi » au plus profond de soi. C'est
pourquoi elle contient une vérité plus entière, tout en
étant singulière, par ce qu'elle laisse passer d'en deçà
le moi et le débordant : l'intime n'est pas solitaire,
mais le plus solidaire, du fait de cette dépropriation.

En même temps, si l'intime appelle au partage, peut-on avoir/donner accès à cet intime en se confessant « publiquement » à « autruy » (même si « ne me chaut à combien », comme dit Montaigne) ? Ou ne faut-il pas plutôt, pour aller quérir au fond de soi cet intime, en appeler non pas indifféremment à autrui, mais à un Autre, s'adresser à un « Toi » ? Il faut un « Toi », face au « je », ce « toi » serait-il seulement d'appel ou d'invocation, pour aller sonder en soi l'intime – c'est là l'autre enseignement du christianisme.

2. On se demandera dès lors pourquoi cet accès intime à soi, ou plutôt à l'intime en soi, sur fond d'un « toi », a mis tant de temps à émerger au sein de la pensée européenne. Et d'abord pourquoi une relation intime n'a pas été promue là où on l'aurait pourtant le plus naturellement attendue : dans la littérature romanesque, dévolue qu'est celle-ci au rapport amoureux. Demandons-nous : les personnages de l'Âge classique sont plus doués de psychologie, et par suite de détermination intérieure, que ceux de l'Antiquité, parce que portant moins de destin sur eux, mais sont-ils plus avancés pour autant dans l'exploration-exploitation de l'intime ? On croira plutôt que c'est parce que la ressource de l'intime ne s'y découvre pas que le roman classique reste ce qu'il est : qu'il se limite à la poursuite de l'objet désiré ainsi qu'à sa stratégie d'encerclement, de surprise, d'assaut, de déroute et de prise en défaut, et ne va pas plus loin. Car il n'a garde effectivement d'aboutir. Puisque le théorème de base en est, comme on sait, que plus la femme se refuse, plus elle est convoitée ; qu'elle se donne au contraire (qu'elle « tombe »), elle ne pourra plus qu'être délaissée. Si donc le seul ressort à la narration est celui des obstacles venant du monde ou de la résistance intérieure, c'est qu'on ne sort pas de cette dialectique, antique mais récupérée par le christianisme, parce que servant également à l'ascétisme, du plaisir de la chasse qui périt dans la prise, autrement dit de la déception inhérente à la satisfaction, du « désir » qui, comblé, devient « dégoût ». Mais pourquoi des amants seraient-ils condamnés à s'échapper l'un à l'autre pour demeurer amants ? N'est-ce pas qu'ils n'ont pas su accéder à l'intime ? – qu'ils ne sont pas parvenus à produire de l'intime entre eux ?

Mme de La Fayette peut conduire le duc de Nemours au point culminant de la conquête, et ce jusqu'au ravissement, et même l'entreprise de pénétration est-elle à peine voilée : la nuit, s'étant introduit furtivement dans l'enclos, ayant franchi les haies et parvenant sous la croisée ouverte, il découvre, voyant sans être vu, la princesse de Clèves se levant pour éclairer un portrait de lui, songeant passionnément à lui… Il peut aussi demeurer des journées entières à rêver à elle, derrière la fenêtre, à convoiter l'inatteignable : de part et d'autre, chacun s'élève et se grandit, s'héroïse, par cette ascèse et cette privation. Mais chacun reste en soi-même, enfermé dans sa perspective et sa visée. Mme de Clèves demeure une prise pour M. de Nemours : « … il sentit pourtant un plaisir sensible à l'avoir réduite à cette extrémité ». Quant à elle, elle sait que son amant n'est fervent que parce qu'il demeure « dépité », qu'il ne la poursuit que tant que son désir n'est pas comblé – mais après ? Les amants n'entrent pas en présence – en confiance – l'un de l'autre. L'accès au « toi » n'a pas eu lieu.

Il est cependant des moments où ces amants sont à portée de basculer dans l'intime. Quand ils sont amenés à s'enfermer ensemble pour refaire la lettre attendue, ils s'attardent et ne ratent pas cet instant de complicité, prenant plaisir – plaisir volé – à cet « air de mystère et de confidence ». Ils en savent le prix. Il y a surtout la scène finale où aurait pu s'engager une vie partagée : Mme de Clèves est libre et un rendez-vous est aménagé avec le duc. Ils sont enfin seuls, l'un face à l'autre, à l'écart des égards, des regards et des intrus. Et Mme de Clèves se livre, en effet, pour la première fois, elle s'attendrit et se confie. Mais c'est logiquement (perversement ?) pour ne pas y donner suite. Or, si Mme de La Fayette clôt et cloue son héroïne dans cette conviction que l'amour satisfait ne peut qu'être déçu, ce n'est pas tant par pessimisme (jansénisme), comme on l'a tant dit, que parce qu'elle-même n'envisage pas d'au-delà possible à la passion. Aussi chacun de ses personnages ne cesse-t-il, en ce moment extrême qui appelait au dépassement-débordement de soi, d'argumenter encore ; ni l'un ni l'autre ne sort de son plaidoyer raisonné et de sa visée. Pas une fois, ils n'en viennent simplement à dire « nous », le nous du partage, à se projeter dans un vivre à deux. Parce que leur auteur ne conçoit pas de faire naître de l'intime entre eux, que cette ressource de l'intime demeure inenvisagée, leur histoire logiquement n'a pas de suite. Ou bien pourrait-on croire que la romancière a sciemment évité l'intime comme ce qui tuerait de toute façon la narration ?

Car il est vrai que l'intime échappe au récit dramatique, n'offrant pas assez d'aspérité narrative, à péripéties, à quoi il puisse s'accrocher, mais peut-on créditer la romancière de cet aperçu ? Il faut plutôt y voir ce qui referme définitivement l'Âge classique dans son passé et l'éloigne également de nous, à l'instar de l'Antiquité. Ou bien comment nommer ce qui le sépare de la modernité autrement qu'ainsi ? Car ce qui se découvre avec le romantisme, et qui fait la modernité, n'est autre, me semble-t-il, que cette ressource de l'intime et tient dans son concept. Un tournant, à cet égard, est marqué par Rousseau faisant muter le sens même de la « confession ». Ou bien disons encore que la modernité s'invente en faisant passer de la fameuse profondeur psychologique, introspective, de la scène classique isolant chacun dans son moi, à la promotion de l'intime qui la défait. Car il est clair qu'on n'est pas là dans la seule histoire des idées. L'intime a fait passer de ce qu'on appelait traditionnellement le « cœur », comme lieu de la passion, de sa souffrance et de son déchaînement, à ce qu'on appellera désormais l'« âme » et qui n'est autre que la capacité propre à l'intime et sa vibration infinie. Si quelque chose peut donc nous convaincre, en définitive, de la façon la plus globale, allant du sensible au métaphysique, d'une *historicité de l'humain*, c'est bien cela.

3. Aussi, quand Rousseau déclare, d'entrée, à la première ligne des *Confessions*, que son entreprise est nouvelle, et même qu'elle « n'eut jamais d'exemple », on peut s'en moquer autant qu'on veut (Dieu sait si on l'a fait) – mais il n'a pas tort. Il faut croire à la possibilité du nouveau dans l'Histoire, y compris dans le domaine traditionnellement le plus récalcitrant à cet égard : celui qu'on appelle du « cœur humain ». Bien sûr, on pourra toujours chercher (trouver) des précurseurs et prédécesseurs à Rousseau (notamment chez les poètes). Bien sûr aussi Rousseau ne situe pas cette nouveauté là où il faut (il n'a pas la distance qui convient pour le faire). Car elle n'est pas qu'il se peigne exactement « d'après nature », puisque Montaigne déjà y a prétendu ; elle n'est pas non plus qu'il ose avouer l'inavouable (« méprisable et vil quand je l'ai été… »), et même puisse trouver plaisir à cette auto-accusation, car Augustin déjà l'a fait.

Non, la nouveauté est que, dans cette entrée, Rousseau maintienne le dispositif d'adresse et d'invocation à « Toi », le Dieu d'Augustin, mais en en déplaçant l'enjeu : en le reportant dans l'humain. « Dieu » nomme cet Autre ou cet Extérieur devant qui un moi-sujet se découvre. Celui-ci se trouve donc d'emblée éclairé d'un rapport au « Toi » le portant à l'épanchement, en même temps qu'il est tendu vers l'absolu dans cette aspiration au partage : « J'ai dévoilé mon intérieur tel que tu l'as vu toi-même… » Car « Dieu » (le Dieu chrétien) est à la fois détaché de l'humain, non compromis par lui (le Père), et le plus profondément humain, Celui (le Fils) à qui rien du « plus intérieur » de l'humain ne saurait échapper, l'ayant lui-même éprouvé. Sous une forme dramatique et déclamatoire, mais sans doute fallait-il toute cette rhétorique pour oser le faire, cet *incipit* pose d'emblée l'instance grâce à laquelle, serait-elle une fiction, ce découvrement du soi le plus intérieur se débarrasse, dans son principe, des ménagements et des réticences, des égards et des réserves, bref se dégage

du compromis et du semblant, et surtout de tout inté-
ressement, prend dimension d'« éternel » et de « vérité »
(les termes mêmes de Rousseau dans ce début): *ose*,
non pas tant « se connaître », selon le vieux précepte
hérité, que *se confier*.

Par cette mise en scène, mais il y a efficacité à
celle-ci, elle n'est pas qu'un décor, Rousseau établit
donc sur un plan humain les conditions de possibilité
d'une parole d'épanchement et de partage – autrement
dit d'intimité : non seulement ne la menacent plus,
du moins dans son principe, ni le jugement des des-
tinataires ni la prudence et la retenue de son auteur,
mais surtout se voit enfin levée la frontière entre eux.
D'entrée, un « Toi » est érigé qui n'est plus le lecteur
anonyme et pluriel, qui n'est plus « autrui » mais
l'Autre. L'immanence de l'intime ne s'affirme que
sur ce fond de transcendance : « confession », tel que
Rousseau en fait muter le sens, signifie cela, et ce quel
que soit l'obstacle apporté ensuite à cette transparence.
Il faut cette lumière qu'on pose à l'Extérieur de soi en
donnant statut à cet Autre, à ce Toi, pour aller puiser
ce « le plus intérieur », et d'abord en faire sourdre la
source. Sa justification devant les hommes – et l'on
comprend qu'il y tienne maladivement, leur apportant
cela – est que Rousseau a pu (su) instaurer ce rapport
intime avec eux. Pourquoi se donne-t-il tant de mal,
dès lors, à se défendre et à se disculper ? N'est-ce pas
même que son tort, à repenser sa vie entière, a été de
chercher une intimité avec les autres, souvent si mal
à propos, ce qui l'en a meurtri – cette intimité même
qu'il établit finalement avec le lecteur ? En tout cas
a-t-il promu cela. Cela suffit.

Que Rousseau n'ait pu conduire cette promotion de l'intime, et d'abord la mise au point de ses conditions, que sous couvert d'une figuration un peu démente, dès lors, si l'on comprend la mutation qu'il opère, ne heurte plus. Toute grande opération de l'esprit, et la pensée vit de grandes opérations plus que de vérités, «avance masquée», comme nous l'a dit Descartes (et comme Nietzsche amplement l'a justifié) : à travers un leurre et un semblant. Et même celui qui trouve, sait-on bien, est-il celui qui ne sait pas exactement ce qu'il cherche ou bien qui croit chercher ailleurs. Ce *semblant* facile est, ici, celui de la justification morale (que Rousseau ait à plaider sa cause, à répondre à la malignité des hommes). Reste que cette théâtralisation («je viendrai ce livre à la main me présenter devant le souverain juge…») peut être aussi ridicule qu'on veut, infantile ou bien délirante, elle n'en a pas moins la vertu d'instaurer cela : le préalable à l'intime. La formule latine portée en exergue, à cet égard, n'en a pas menti : *intus et in cute* : «à l'intérieur et dans (sous) la peau». Surtout si l'on prend en compte l'expression dans son entier, son jeu du toi et du moi : «Moi toi, intérieurement et sous la peau, je t'ai connu», *Ego te intus et in cute novi*.

Autant dire que, si je trouve insanes les critiques faites ici si fréquemment à Rousseau, tournant autour de sa «terreur obsidionale» et de son arrogance, et tout autant nombre de justifications condescendantes avancées pour l'en absoudre, c'est qu'il faut comprendre pourquoi Rousseau, tout au cours des *Confessions*, évolue logiquement d'un registre à l'autre : pourquoi il a besoin de ce théâtral, de ce drapé dramatique, de cet exclamatif invocatoire ou de ce grandiloquent larmoyant. C'est qu'il en a besoin pour protéger l'autre : le *murmuré* de l'intimité. L'un est nécessaire pour couvrir et couver l'autre. L'un est le paravent sous lequel l'autre peut s'abriter. L'ampoulé permet le discret. Il faut verser dans le plus déclamatoire de soi pour – à couvert – livrer le plus intime de soi. Il faut toute cette théâtralité dépensée pour que, à l'écart, ou dans l'interstice, en tension avec elle, à l'abri d'elle et de ce qu'elle accapare, son contraire puisse faire également son chemin. Car c'est lui bien sûr le chemin. En quoi Rousseau ouvre effectivement la voie au romantisme et à la modernité : il faut de l'exclamatif et du déclamatoire – même chez Baudelaire – pour faire sa place à leur opposé.

4. Mais qu'est-ce que cet intime, tellement insignifiant, de prime abord, si fugitif, qu'on ne songerait pas à s'y arrêter, à le noter, mais si prégnant d'humain ? Comment le tirer de ce désintérêt, ou de son surgissement inopiné, et songer à s'en saisir, ou plutôt à le recueillir, à le dire ou plutôt à le murmurer : à le laisser advenir à l'esprit et y sonder une vérité vis-à-vis de quoi toute explication s'annule, non pas est fausse, mais est sans importance, n'a pas prise et ne sert à rien ? Qu'est-ce donc, par exemple, que laisser remonter ainsi en soi, car parler alors strictement de mémoire serait illusoire, une chanson d'enfance qu'on a oubliée, ainsi que le fait Rousseau dès ces premières pages, et reconnaître sans ambages qu'on en est infiniment touché, sans s'embarrasser non plus de dire pourquoi ? Sans la caution d'une raison et d'une justification. Or l'intime, c'est cela ; et Rousseau se risque à cela. Il se risque à se montrer, devant qui ne peut plus être seulement «autrui», on le comprend, «marmottant» ces petits airs comme un enfant : il en dit son attendrissement portant aux larmes et laissant paraître un plus intérieur que l'intérieur, trouvant ses racines en deçà d'un «moi» et défaisant du coup celui-ci de son exiguïté. De telles «larmes» ne seraient-elles qu'une façon de parler, il n'empêche que cet «attendrissant», Montaigne aussi bien qu'Augustin l'ont ignoré ; cette dimension et cette ressource d'un plus intérieur que plus rien, à ce point d'évasement, ne peut codifier, par conséquent si discret, et ne se laissant ranger sous aucun usage ou finalité, ils n'ont pas su le laisser revenir, le retenir et le capter. Ils n'ont pas su (pu) en tirer le fil, y voir un filon découvrant l'humain.

Un air qu'une tante chantait dans notre enfance et qui nous revient en tête, lancinant, à l'approche de la vieillesse, mais dont on ne parvient pas à retrouver les paroles entières, dont il échappe toujours quelque chose et qui reste, comme si souvent dans la vie, en pointillé : ce trait ténu, cet émotionnel discret, Rousseau le fait venir à la reconnaissance sans l'appuyer. Il ne l'impose pas (par des explications), il se contente de le poser là : disponible à chacun. Car il est clair que, si ténu qu'il apparaisse, cet anecdotique donne à voir – laisse affleurer – plus de fonds d'humanité que toute introspection ; que, si singulier qu'il soit, il est aussitôt partagé ou, plutôt, que c'est lui qui ouvre au partage ; et même il suffit d'emblée à effacer la frontière de l'intérêt et du quant-à-soi. Il fait remonter en deçà de la sépa-ration d'avec un «toi». Il donne le *ton* – le «la» – de l'intime. Faisant basculer le lecteur de son dehors dans ce dedans partagé, il crée de l'«entente» humaine sans avoir à l'expliciter. Ce trait n'instruit pas, il ne sert ni à convaincre ni même à toucher, mais il crée – d'entrée – des *conditions d'intimité*.

Il est vrai que, quant à l'aveu, Augustin avait déjà mis dans la confidence, en retirant la pudeur et confessant l'impudique. Or quel peut être cet inavouable si ce n'est toujours le même, que ce soit chez Augustin ou Rousseau, et par quoi il faut bien débuter : le désir adolescent qui n'a pas encore trouvé son objet d'investissement qui le rende acceptable ? « Des vapeurs s'exhalaient de la boueuse concupiscence de ma chair, du bouillonnement de ma puberté… » : Augustin ne lésine pas, comme on voit, sur le superlatif négatif et l'imagerie repoussante dans la dénonciation de soi ; au contraire, ceux-ci se prêtent d'autant mieux aux effets rhétoriques. Mais n'y a-t-il pas là, justement, de quoi mieux éclairer l'écart d'Augustin à Rousseau ? Car Augustin, ce faisant, ne risque rien : il se confesse, mais en homme qui n'avait pas encore rencontré Dieu. Tel est l'« homme » – l'homme par essence ou malédiction – enfoncé dans la chair, et l'auto-accusation à laquelle il se livre ne l'atteint plus. Il n'est là qu'un exemple (à rejeter). Il donne à voir de quoi il s'est détaché. Et la finalité de son aveu le porte : il rapporte son état de péché (passé) pour mieux (se) convaincre de sa foi et y trouver – y prouver – son salut.

Or, chez Rousseau, cet inavouable ne peut plus être apologétique. Cette confidence quant au sexuel, celle des « premières explosions d'un tempérament combustible », n'étant plus prise en charge par aucune finalité démonstrative, Rousseau n'est plus que devant lui-même et doit affronter la difficulté de dire ce dont plus rien ne le sauve. Il ne peut même plus compter sur la vertu de l'extrême et du singulier, car il ne reste, dans ses goûts, que du « bizarre », rare seulement par dépravation (« mes ineptes bizarreries »). L'indécent peut encore être allègrement confessé, tant qu'il provoque ; mais, quand s'en retire ce qui pouvait prêter à fascination, ne subsiste que le « ridicule », et c'est lui le plus difficile à avouer, car il n'a même pas la grandeur du Mal. Aussi, s'il n'avait mis au point, d'entrée de jeu, ce dispositif d'une adresse à l'Autre, au « Toi » qui ne juge pas, ou plutôt qui juge mais d'un Extérieur de l'humain qui, du même coup, peut comprendre l'humain d'un « plus dedans » que les hommes ne sont capables de le faire, ce par quoi il hérite effectivement d'Augustin, Rousseau n'aurait pu entrer dans cet intime de l'aveu. Non pas celui, joyeux, de la première fessée à laquelle il prend trop manifestement de plaisir sous la main de Mlle Lambercier, mais de ce qui en est devenu le vice, vécu en solitaire, du fait de sa fixation ; et que, même dans « la plus intime familiarité » (la première fois qu'« intime » intervient dans les *Confessions*), il a dû taire. Du coup, osant cet aveu, n'a-t-il pas fait sauter l'ultime verrou sous lequel se tient à couvert un moi ? – du moins croit-on toujours que c'est là l'ultime… En tout cas, la voie de l'intime, après cette épreuve, désormais est libre.

5. Ce qui fait la condition d'entrée dans l'intime, en somme, qu'on l'éprouve en soi-même ou qu'on le confie à l'Autre, les deux se révélant inséparables, est bien cela, en effet : qu'on n'ait plus de visée sur l'Autre, qu'on ne projette plus de dessein sur lui ; c'est-à-dire qu'on

ne veuille plus ni n'attende rien de lui : qu'on dégage
cette relation de toute finalité et de tout intérêt. Que la
finalité se retire : le partage de l'intime peut advenir.
De cette finalité dont les Grecs avaient, dans leur joie
de tout rattacher à tout, tout envahi, et dont la pensée
européenne a mis tant de temps ensuite à débarrasser
la Nature, dans sa physique, mais qui s'est reportée
alors dans l'Histoire, Rousseau délibérément a libéré
l'existence. C'est pourquoi il ne se contente pas de
célébrer l'opportunité du moment qui passe (« cueille
le jour »), mais encore fait accéder au simple, à l'élémentaire sentiment d'exister (sur le lac, Vᵉ Promenade).
Précédé qu'il est cette fois par Montaigne (selon le
fameux : « N'avez-vous pas vécu ? »). C'est pourquoi
aussi il peut libérer de la finalité la relation humaine et
penser l'accès à l'intime. Car, dans l'intime, la condition de possibilité tient simplement à ce qu'on est l'un à
côté de l'autre, sans visée sur l'autre, car cette visée, en
étant ma visée, inévitablement sépare ; à ce que l'Autre
simplement est là, auprès – non pas devant (conduisant)
mais simplement « là », à côté.

On comprend donc que cet intime se découvre ori-
ginellement, et peut-être même de préférence, hors de
la relation amoureuse, qui passionnée, captatrice, est,
au départ et dans son principe, toujours intéressée.
Son temps à lui est d'avant, du commencement. Il est
de l'enfance, quand la séparation d'avec l'Autre n'est
pas encore consommée : l'intimité du sein. On aura
même beau jeu alors de considérer que Rousseau n'a
cessé de vouloir réparer et combler, dans cette quête de
l'intime qu'a duré sa vie – et souvent si mal à propos,
souvent jusqu'à la folie, ce qui le rend « insociable » –,

ce manque premier, irréparable, de la mère morte à sa naissance. Il ne cesse plus de vouloir (devoir) reporter cet intime demeuré vacant : « j'étais toujours avec ma tante, à la voir broder, à l'entendre chanter, assis ou debout à côté d'elle, et j'étais content ». Simplement « à côté » ; et « content », c'est-à-dire ne cherchant pas plus loin et n'ayant d'autre but. C'est d'ailleurs de cette tante Suzon que lui revient nostalgiquement par bribes, dans sa vieillesse, tel air qu'elle a chanté.

« Intimité » aussi à Bossey, le mot y est et devient clé, sous le toit du pasteur Lambercier. Mais le plaisir perçu à la fessée déjà fait rupture et provoque la séparation (concrètement, lui fait faire chambre à part). Ce paradis perdu, comme tout paradis est destiné à être perdu (ici, la catastrophe provoquant la damnation est un peigne brisé), n'a d'autre essence, en effet, que cette perte d'intime, c'est-à-dire précisément le fait qu'un Extérieur transcendant à soi ne se découvre plus au plus dedans de soi, mais s'en retire. Ce pasteur et sa sœur, après la Chute et avant que l'Exil ne commence, « nous ne les regardions plus » désormais « comme des Dieux qui lisaient dans nos cœurs ».

Ce « paradis », d'ailleurs, si tant est que notre imagination tienne encore à lui, pourrait-on le concevoir de façon générale et qui soit rigoureuse autrement qu'en termes d'intime ? Car, bien avant Mme de La Fayette (elle n'a fait qu'hériter d'eux), les théologiens, Augustin en tête, se sont trouvés confrontés, pour penser sa béatitude, à ce dilemme – et même en sont-ils sortis ? Soit au paradis il y a encore du désir, et donc du manque, et l'on n'y est toujours pas satisfait ; soit le désir s'y trouve satisfait, mais vient aussitôt, du même coup, la lassitude. S'il n'y a pas satisfaction, il y a frustration ; mais la satisfaction ennuie. Or seul, à y réfléchir, l'intime ferait sortir de cette alternative du désir et du dégoût. Si tant est qu'on ne conçoive plus seulement ce paradis comme la transparence de Plotin, qui n'était que celle de l'âme intellective, mais bien comme une telle présence « auprès », simplement à côté. L'*auprès* : ce qui ne manque ni ne lasse, donc ne s'abîme pas dans la durée. Or cet « auprès » s'analyse : parce que, dans l'intime, du Dehors s'y découvre aussi le plus dedans ou, disons, que son immanence s'y trouve toujours habitée de transcendance, l'intime, quant à lui, ne s'épuise pas. Il est sans fond et sans fin.

Cet intime est sans en deçà et sans amont. Quand, pour débuter le récit de sa vie, il en conçoit la scène originaire, Rousseau y projette, non pas la conquête, mais déjà l'intimité. De ses parents : « Leurs amours avaient commencé presque avec leur vie… » « Tous deux, nés tendres et sensibles, n'attendaient que le moment de trouver dans un autre la même disposition, ou plutôt ce moment les attendait eux-mêmes, et chacun d'eux jeta son cœur dans le premier qui s'ouvrit pour le recevoir. » Que ce ne soit pas eux qui attendissent le moment, mais que le moment les attendît, ne déplacerait-il pas déjà l'initiative ? Elle est moins dans le choix préalable de la personne, choix toujours grevé d'incertitude et d'intérêt, que dans la « disposition » selon laquelle se fait la rencontre et qui la rend heureuse. Car la question, dans l'intime, est bien cela : non la question du « qui » (« Qui sera-t-il ? » : la question, dit-on, des jeunes filles rêveuses), mais de ce qu'on fait de la relation, de ce qui s'y risque et de ce qui s'y féconde. Il suffit alors d'un

Autre, qu'il y ait un Autre, d'un « premier qui s'ouvre ». Il peut être le premier venu. Ce n'est donc pas tant « ce qu'est » l'autre qui compte, ce qui ne se trouve toujours supputé qu'à partir de mes fins, mais *jusqu'où* je suis prêt, « disposé », à m'engager et me risquer avec lui. Jusqu'où je suis capable d'aller, de me livrer et de basculer de mon dehors dans ce dedans partagé : pour promouvoir *entre* nous un « plus dedans » de nous où pouvoir « exister ».

L'intime est un sentiment d'enfance, indéniablement : dans quelle nostalgie nous met-il ? Mais, surtout, que devient-il adulte ? Ou demeure-t-il infantile ? Nous fait-il régresser ? Ou bien, sinon, dans quel choix et quelle responsabilité nous voyons-nous par lui placés ? Que je ne sois plus en face de l'autre, dans un vis-à-vis guerrier, intéressé, mais « à côté », « présent » ; que je ne veuille plus le conquérir, par conséquent, en faire l'objet de mon désir, mais que je sois « content » seulement d'être « auprès », et que le monde alors soit « en ordre » : il n'y a pas là pour autant passivité, nous dit en effet Rousseau, mais bien promotion du sentiment d'« exister ». Si tant est qu'on entende alors « exister » dans son vieux sens théologique, mais reporté désormais dans l'humain. Comme *exister*, c'est-à-dire « se tenir à partir de » (« ex-sistere »), a signifié au départ le mode d'être de qui reçoit son être d'un Autre, s'y trouvait justement consigné le mode propre à la créature de Dieu et dépendant de Lui. Mais en renverser le sens, comme l'a fait l'existentialisme, ne conduit pas nécessairement à penser cet « ex-ister » comme se projeter « hors », « en avant » de soi, *sich vorweg*, c'est-à-dire en affrontant la condition d'un « être jeté »,

celle de la déréliction et du souci, et se précipitant
« vers » (le « vers », *zu*, de l'avenir, *Zu-kunft*), dans un
perpétuel devancement. Car « exister » pourra signifier tout autrement, dans l'intime faisant sa place à ce
Dehors dont procède effectivement un plus dedans
de soi, activer la ressource d'une telle transcendance
de l'Autre dans l'immanence de sa vie – et, là, dans
la décision de vivre cela et de s'y engager, il y a bien
choix.

6. L'intime, chez Rousseau, à la fois n'a pas de nom et
porte un nom propre qui lui sert d'éponyme, à la fois le
fixe et le consacre : Mme de Warens. Or il faut suivre
ce que Rousseau rapporte de cette relation singulière,
au livre III des *Confessions*, pour entrer plus avant dans
ce que l'intime présente à la fois de plus original mais
de non démarqué, l'un et l'autre entravant sa reconnaissance : je veux désigner par là son articulation au
sexuel. Rousseau ne peut envisager d'abord l'intime,
en effet, que négativement, par ce qu'il n'est pas, en
défaisant la vieille opposition de l'amour et de l'amitié
et en en renvoyant dos à dos les deux termes pour lui
ménager sa place : « J'oserai le dire : qui ne sent que
l'amour ne sent pas ce qu'il y a de plus doux dans la
vie. Je connais un autre sentiment, moins impétueux
peut-être, mais plus délicieux mille fois, qui quelquefois est joint à l'amour et qui souvent en est séparé. Ce
sentiment n'est pas non plus l'amitié seule ; il est plus
voluptueux, plus tendre ; je n'imagine pas qu'il puisse
agir pour quelqu'un du même sexe ; du moins je fus
ami si jamais homme le fut, et je ne l'éprouvai jamais
près d'aucun de mes amis. »

Nommons donc «l'intime» ce sentiment autour de quoi tout tourne, dans ces pages, mais que Rousseau précisément ne nomme pas : auquel il fait sa place, et même la première, mais qui n'a pas trouvé son concept et qui ne se laisse par conséquent aborder que dans l'entre-deux d'oppositions usuelles auxquelles il échappe. Car cet «entre» par lequel il s'introduit n'est pas pour autant quelque équilibre, juste milieu ou moyen terme, même s'il se présente aussi comme moins que l'un et plus que l'autre : moins «impétueux» que l'amour, mais plus «voluptueux» que l'amitié. Non qu'il soit de l'amour assagi ou résorbé, devenu moins intense, car lui aussi a sa prééminence : «plus délicieux mille fois» ; ni non plus qu'il en soit la sublimation, car qu'il soit si «voluptueux» le maintient dans l'ordre du sensuel et d'un immédiat plaisir. Non, ce qui rend son analyse si délicate est précisément qu'il force à délier la connexion du désir et du plaisir gardant celui-ci sous celui-là : ce qui singularise l'intime est qu'il ne soit plus lié au manque et donc à la quête et, par suite, à l'enchaînement de la satisfaction-déception ; il en desserre enfin l'étau (en quoi il pourrait bien servir, en effet, de support conceptuel à l'imagination du paradis). On pourrait dire, pour en marquer l'apparent paradoxe, qu'il est sexué (puisque doit intervenir la différence des sexes), mais n'est pas pour autant sexuel ; ou qu'il n'ignore pas le sexuel et l'inclination amoureuse («quelquefois joint à l'amour»), mais qu'il n'est plus sous sa contrainte, en quoi il ouvre une autre logique. «Ceci n'est pas clair», conclut Rousseau. Cette logique, essayons en effet de la clarifier.

Qu'«amitié» nomme la relation qui demeure au sein du même sexe, comme l'entend Rousseau, on reste alors dans un « dedans » natif, on n'y fait pas l'expérience d'une extériorité et de la rencontre ; l'autre est seulement dans un prolongement de soi, dans une extension du même : on n'est pas sorti de soi, on n'a pas été « ouvert » par l'Autre, l'entente avec lui n'est pas conquise. Qu'« amour », à l'inverse, nomme la relation avec l'autre sexe, cette relation trouve alors son objet à l'extérieur d'elle-même et doit l'y laisser ; elle nous maintient dans la perspective de la conquête et de la captation ; par suite, dans l'enchaînement fatal de la frustration-possession-déception. Déception de ce que l'autre, dès lors qu'il est possédé, n'est plus assez « autre », que son extériorité s'est laissé réduire, que son altérité est comme absorbée : la séduction ne joue plus. Si son extériorité n'est plus active, cette relation de désir en effet s'étiole : dans l'« amour », l'autre doit être maintenu dans son extériorité pour que subsiste la séduction ; en même temps que le désir, qui est désir de possession, veut détruire cette extériorité – contradiction qui en fait une voie sans issue, celle-là même dont Mme de La Fayette établit exactement le constat.

On en déduit alors en quoi l'intime échappe également aux deux : il implique de faire la rencontre d'un Dehors, de s'ouvrir à son extériorité, mais ce dehors, au lieu de vouloir l'absorber en soi et, par suite, d'en manquer (de manquer du manque), il le fait basculer dans un dedans partagé – c'est-à-dire qui n'est plus donné, cette fois, comme dans l'amitié, mais bien produit du partage. Ce *dedans* commun est conquis. Il n'arrive plus alors que l'autre ne soit plus assez autre, que son extériorité défaille, comme le craint le désir ; mais c'est le rapport d'extériorité qui lui-même n'est plus perti-

nent : la barrière de la séparation et du quant-à-soi est
levée, elle est laissée en arrière, reléguée ou dépassée.

Puisque la chose n'est pas « claire », dit Rousseau,
décrivons-la dans ses « effets », dressons-en une typo-
logie. Et d'abord réitérons ce qui est la condition et première définition de l'intime : l'« être auprès ». *Auprès*
en est la préposition-concept (leitmotiv de ces pages :
« passer mes jours auprès d'elle »). Son prédicat premier est le *tendre* (ses parents eux-mêmes étaient nés
« tendres »). Or, si « tendre » échappe tout autant à nos
jeux conceptuels parce que n'étant ni moral ni psychologique, ni vertu ni faculté, on n'en comprend pas moins
ce qu'il signifie, dans ce rapport dedans/dehors, en tant
que capacité de se rendre accessible à l'Autre comme
de se laisser pénétrer par lui – le propre de l'épanchement ; il relève donc moins de l'affectif que de l'*êthos*,
générant l'« éthique », ou de ce que Rousseau appelle
la « disposition », celle-là même qui rend poreuse la
frontière d'avec l'Autre. Son corollaire est le « doux »
qui, à distinguer du mièvre, possède aussi un sens que
je dirais métaphysique ; son contraire est le « sec », tel
celui de la « sécheresse de conversation ». Le propre de
l'intime aussi, à la différence de la relation amoureuse,
est de créer une stabilité, de donner son assise au sujet :
d'emblée et pour toujours, elle est « Maman », il est
« Petit ». Échappant à l'enchaînement de la satisfaction-
déception, auquel est condamné le désir amoureux, il
ne craint pas d'être envisagé dans la durée, et même la
veut éternelle : « J'aurais ainsi passé ma vie et l'éternité
même sans m'ennuyer un instant. » Cet intime enfin est
nécessairement exclusif (« je ne voyais jamais qu'elle »),
mais n'est pas pour autant égoïste, parce qu'il n'est pas

possessif : il peut étendre son partage au-delà, élargir son « dedans » (ainsi s'étend-il, dans la maison de Mme de Warens, à « tout son petit ménage » rassemblé dans la même chambre). Car il imprègne, émane, se fait ambiant ; sous son influence, toute séparation s'allège.

Dans l'intime, à la fois un rien compte, et même tout n'y est fait que de petits riens, mais ce « rien » de l'intime peut rebasculer aussitôt dans l'inouï et rappeler de quel renversement – et même de quelle déraison – il est issu, quelle clôture la plus invétérée, celle du dedans/dehors, il a réussi à faire tomber ou, du moins, à entamer. Car dans l'intime, c'est-à-dire au sein de son partage, quoi qu'on fasse s'en trouve traversé, par conséquent vient à propos comme il est, se dispensant du même coup de la finalité, sans tapage, à peu de frais. L'intime s'alimente de peu, se suffit de « riens ». Aucun trait ne s'y force, n'a besoin de se prouver, par suite de se hausser. C'est pourquoi l'intime est « charmant », son autre prédicat rousseauiste (même le « grognement » bougon est « charmant ») ; sa dimension n'est pas l'héroïque-dramatique, mais un quotidien qui ne lasse pas.

Car l'intime n'est pas affadissement (assagissement), parce que rôde toujours en lui la tentation d'un dépassement de la frontière, donc sa confrontation à la limite. N'est jamais oublié non plus le coup de force de son événement (avènement) ni l'audace de sa pénétration dans un dedans. Au sein du quotidien, il en conserve ainsi le vertige et fait faire des « folies ». Car il est toujours prêt à rappeler, frôlant l'extrême, le sacrifice de la frontière abolie : « Maman » (Mme de Warens) ayant rejeté dans l'assiette le morceau qu'elle avait dans la bouche, « Petit » (Rousseau) s'en saisit avidement et l'avale – figure on ne peut plus exemplaire d'un dehors devenant dedans… «En un mot, de moi à l'amant le plus passionné, il n'y avait qu'une différence unique, mais essentielle, et qui rend mon état presque inconcevable à la raison.»

Presque «inconcevable», parce que défaisant les catégories dont on dispose traditionnellement pour le dire et qu'il faut donc frayer conceptuellement pour lui dresser sa place. C'est pourquoi l'intime ne peut que faire jouer les contrastes, sous sa tension propre, mais sans qu'aucun terme en vienne à bout: «j'étais dans un calme ravissant, jouissant sans savoir de quoi». C'est aussi pourquoi il ne peut que paraître ambigu au regard des appellations courantes, les faisant valser tour à tour et les interchangeant: «…je voyais en elle une tendre mère, une sœur chérie, une délicieuse amie»; et (mais) «rien de plus». En même temps que, à l'évidence, tout tourne autour de ce «plus» – mais, c'est vrai, sans s'y bloquer. Qu'il soit facile alors de reprocher à Rousseau de ne cesser de tourner autour de ce «plus», en voulant l'éviter, et d'y puiser l'intensité d'une telle relation sans l'avouer (or il finira bien un jour, en dépit du déni, dans le lit de Mme de Warens), ce ne serait pourtant pas faire justice à la façon dont il montre, avec persévérance, comment toutes les manifestations de sensualité qui sont bien là, et même qui sont prêtes à déborder, n'en dessinent pas moins une autre vocation que l'érotique. Se décalant du sexuel, elles se creusent en ressource propre promouvant ce dedans partagé.

Trois traits principalement, dans cette analytique de l'intime engagée par Rousseau, constituent ce *dedans partagé*. D'abord, ce que j'ai déjà nommé la *connivence* et qui crée une entente implicite de tous les instants en même temps qu'elle se capitalise dans la durée. Entente silencieuse ou à mi-mot, et qui n'a pas besoin de s'expliquer ni de s'exposer davantage : connivence, je l'ai dit, n'est pas transparence. Car il ne s'agit pas de tout dire, en forçant l'introspection, en exhibant sa sincérité ou en l'exigeant de l'autre. Cet impératif tue l'intime (dans le rapport qu'il fait de son escapade avec son ami Bacle, Rousseau n'hésite pas à supprimer « quelques articles »). Ensuite, l'intime est menacé par l'*intrus*. Car, si l'intime dessine un dedans, et même peut élargir ce dedans, il est logique aussi qu'il ne craigne rien plus que ce dehors, faisant irruption, de l'importun. Cette intrusion peut paraître adventice, sa manifestation anecdotique, mais il est en fait aussi consubstantiel à l'intime en lui servant de négatif que le diable, dit-on, est indispensable à l'action de Dieu : à la fois il l'occasionne et la révèle. Enfin, ce que Rousseau appelle le « babil intarissable » est la parole propre à ce dedans partagé. Il est à la fois la modalité inverse de la connivence établissant une relation tacite et son complément, l'un et l'autre débordant la parole ordinaire. On peut s'entendre sans parler (un « clignement » suffit) et, d'autre part, quand on parle, ce n'est pas pour communiquer : cette parole intime n'apprend rien à l'autre, à vrai dire, elle n'informe pas. On ne parle, dans l'intime, ni pour dire quelque chose, parce qu'on a « quelque chose » à dire (la parole sérieuse qui s'oppose au « babil ») ; ni non plus pour ne rien dire (la parole creuse de la conversation mondaine) : ce n'est même pas pour échanger, mais bien pour « entre-tenir » cet *entre* de l'intimité. Aussi cette parole ne « tarit »-elle pas.

VII – Changer de morale

1. Il est temps, en déduira-t-on, de *changer de morale*. Quand je dis « il est temps », cela signifie qu'une rupture est allée s'accroissant, depuis au moins deux siècles, entre la morale déclarée, implantée, ou du moins à laquelle on est censé adhérer, et les justifications qui la rendraient crédible : nous vivons, sans bien nous en rendre compte, ou sans accepter de le voir, sur des oripeaux. Qu'on se garde du ton d'annonce apocalyptique qu'affectionnait Nietzsche, il n'en faudra pas moins croire qu'une mutation décisive est possible dans l'Histoire, et d'abord de l'esprit, même si celle-ci met tant de temps ensuite pour se traduire en vision et « solution » communes. Il est temps, en effet, de passer d'une morale de l'obligation, et par suite de la soumission, telle qu'elle a régné durant des millénaires, à une morale de la *promotion* : de l'obéissance à un ordre, celui-ci étant supposé relever de la « nature » de l'« Homme », à ce que j'ai commencé d'appeler la « promotion de l'humain ». Dit autrement, il est temps de passer d'une morale du commandement, telle qu'elle rôde encore dans les cœurs et dans les mœurs sans plus convaincre, celle de la loi divine et de l'impératif catégorique, à une morale de l'épanouissement de ce sujet émancipé que nous voulons être. Car avons-nous, à vrai dire, d'autre espoir en tête ? Or avancer que cette nouvelle morale n'est plus négative (punitive), relevant de la défense et de l'interdit, mais positive, faisant appel à la « bonne volonté », n'y suffit pas. Car elle ne peut se contenter d'être d'incitation ou d'encouragement, jouant toujours peu ou prou du pouvoir de suggestion, ni compter sur quelque « bonté » naturelle – pourquoi aujourd'hui plus qu'hier ? – à l'encontre des malédictions d'antan. Mais elle peut être exploitation d'une ressource effective et telle que l'intime la découvre.

« Ressource », c'est bien cela. Je tiens à ce terme de *ressource*. Il signifie qu'une possibilité se trouve impartie qui permet de faire face (comme on parle d'un « homme de ressource ») et qu'on peut soit faire valoir soit négliger. Du coup, penser la morale en termes, non plus de règles, mais de ressource, comme y porte l'intime, nous fait sortir des impasses dans lesquelles on sait bien que la morale, en Europe, traditionnellement s'est enlisée. Car on n'est plus alors attaché au grand forçage d'une idéalité imposée, ni dépendant d'une transcendance qui vient entraver l'essor spontané d'un moi-sujet ou, disons, l'immanence de nos vies. On n'a plus à se fier non plus à la grande antinomie du Bien et du Mal dont on sait combien elle a contribué, en tranchant par son absolu dans le cours, en oscillation continue, de nos vouloirs et de nos affections, à l'arbitraire sur lequel, a montré Nietzsche, la métaphysique s'est juchée. De même n'a-t-on plus à s'embarrasser de l'ambiguïté de nos motivations, incertaines quand elles

ne sont pas suspectes, lorsque nous faisons le « bien »
et suivons la « vertu ».

Car il est vrai, d'abord, qu'on ne peut pas *prescrire*
l'intime : on échappe du coup à toute moralité du commandement et de l'injonction ; ensuite, que l'intime ne
procède d'aucune dichotomie ni d'aucun dualisme des
valeurs ; enfin, que l'intime ne peut être soupçonné
d'aucune idéalité suspecte puisqu'il tient tout entier
dans cet effet d'ouverture entamant la frontière entre
deux êtres et n'a à répondre que de ce dedans partagé.
L'*exploiter*, c'est le mettre en œuvre et le faire valoir,
comme on fait valoir une terre ou un capital – l'intime
est un capital humain qu'on risque et qu'on accumule.
Le contraire n'en est pas le « vice » opposé à la vertu, ou
le « défaut » opposé à la qualité, mais bien la *perte* (de
sa ressource). On est passé à côté de ce filon qu'il est ;
on a raté cette possibilité qu'il ouvre et dont la source
aperçue, dans le terrain de nos vies, ne demande plus,
ensuite, qu'à sourdre et qu'à féconder. La vie, autrement, est *stérile*.

Autant dire qu'il est temps de faire de la morale une
affaire non pas tant de *prescription* que de *description* ; qu'il est par conséquent logique que cette morale
à venir, on la trouve moins dans des codes et des caté-
chismes que dans les *Confessions* de Rousseau. Quand
on décrit, comme le fait Rousseau, cette ressource de
l'humain qu'est l'intime, on ne projette plus de devoir
être, mais on discerne, au sein d'une expérience
décantée et qui revient à l'esprit, le *possible* s'ouvrant en
elle et qui effectivement la qualifie. De là que la morale
devient l'objet d'une enquête qu'on dira phénoménologique, selon l'usage déployé de ce terme, et non plus

directement axiologique, édictant des valeurs ou codifiant des vertus. Morale qui, dès lors, change d'allure
et de port, n'est plus grandiloquente, infatuée d'elle-
même, mais discrète : qui est plus soucieuse de *minima
moralia* que de la « Grande morale », est attentive à cet
infime décelant l'intime, mais dont le déploiement est
infini. Car on sait qu'une morale qui prêche, réprime,
interdit ou ordonne, désormais nous tombe des mains :
elle n'aboutit plus qu'à faire subsister un semblant de
conformité morale (d'ordre social) – peut-on même en
espérer cette commodité ? – qui ne convainc plus. Le
voile qui la sacralisait, ou du moins dont elle parait son
autorité, s'est déchiré. Nous ne pouvons plus habiter ce
palais délabré. Nietzsche aussi bien que la psychanalyse sont passés par là.

Ce qui est révolu désormais quant à la morale, pour
le dire dès lors d'un point de vue stratégique, est qu'on
prétende l'aborder *de front*, en l'édictant et l'imposant.
Il y a là trop de « lourdeur » qui l'écrase ou de présomp-
tion, trop peu de « raffinement » ou de subtilité, disait
Nietzsche : il faut plus de ménagement, de détour ou
de biais, plus d'obliquité, pour l'aborder. Car la morale
est *résultative*, c'est en amont qu'il faut la cerner – la
discerner. Or la morale relevant de l'intime est bien –
ainsi – de conséquence. Pour qui a connu, vécu, une
relation intime, a trop entamé la frontière qui le séparait
d'un Autre pour projeter encore sur lui des vues intéressées, pour rester encore quelque peu aux aguets à
son sujet, il est désormais des choses qu'il sait qu'il « ne
peut plus faire ». Non qu'on (ou que je) me l'interdise,
il n'y a pas là forçage, mais parce que cela est tout simplement devenu impossible : il y a, avec et par et pour

cet Autre, des «choses», des calculs ou des abus, que
dès lors je ne commets plus. Une fois entré dans ce partage, je ne peux plus supporter de tels rapports de nuisance, ou même seulement d'indifférence. Car lui n'est
plus «lui», quelqu'un d'extérieur, n'est plus «autrui».
C'est la *situation engagée*, l'intimité à laquelle on a
accédé, qui d'elle-même m'en empêche : non que je le
«veuille» (le zèle de la «bonne volonté») ni non plus
que je prétende à être «vertueux» (il n'est rien de plus
suspect que les mots d'ordre altruistes), mais, comme
nous avons tous deux basculé d'un «même côté», que
cet Autre, j'ai commencé de le *rencontrer*, toute ma
conduite, et non seulement à son égard, s'en trouve
d'elle-même transformée.

Ce qu'opère l'intime en définitive, et pourquoi on
peut le poser au départ de la morale, est donc qu'il en
renverse l'abord : qu'il fait passer – il est vrai subrepticement et sans crier gare – du point de vue de l'*individuel*, contre lequel elle butait, à celui du *relationnel*, qui
est sa condition et fonction légitime. Ce qui signifie que
ce n'est plus le mérite attribué à «mon» action qui est
au principe de la morale (que je sois coupable ou bien-
faisant), mais la qualité de la relation engagée. C'est du
fait même de l'ouverture opérée par et dans la relation
et, par suite, de l'abrogation des frontières clôturant un
«moi», que découle la moralité ; sinon elle n'est qu'un
forçage des sujets. Or on sait bien que c'est là sur quoi
ont achoppé traditionnellement les constructions de la
morale : elles partaient d'un sujet posé premier, et donc
solitaire, insulaire, qu'elles astreignaient ensuite à la
moralité, quitte à prétendre que ce soit pour son bien
et en vue de l'élever – de là l'accent mis sur ses vertus

et son bon vouloir. L'intime, à l'inverse, part de ce qui passe – se passe, se noue – d'aventureux entre des sujets pour en faire le départ de la morale. Je suis moral parce que (dans la mesure où), en rapport à l'Autre, et ce ne peut être d'abord qu'en rapport à un Autre *rencontré*, je promeus ma capacité d'«exister», selon le sens que j'en ai déjà dit *(ex-sistere)* : je me «tiens», non pas confiné en moi, relevant de moi seul, mais projeté «hors de» moi et débordant de ma frontière par ce dedans partagé. C'est donc par stricte immanence, mais en m'ouvrant à la transcendance de l'Autre, c'est-à-dire en répondant à ce besoin d'ex-ister, que je suis «moral». Ce qui se lit aussi bien en sens inverse, l'intimité à laquelle accède la relation portant d'elle-même au déploiement et à l'essor des sujets. En quoi l'intime effectivement est «ressource».

2. Proposer l'intime comme un *départ possible* à la morale soulève assurément des objections – y serais-je aveugle ? – de tous côtés. Et même que reste-t-il encore, à ce stade de dénuement, de son grand édifice ? On n'en touche pas une pierre sans en desceller d'autres, et ne fait-on pas du coup tout ébouler ? Prenons donc ces objections point par point et réfutons. Mais précisons d'abord : j'ai dit «départ» (possible) de la morale et non «fondement» (nécessaire), ce dernier terme étant celui de la métaphysique, puisqu'il ne s'agit plus aujourd'hui, comme pour Augustin (et Kant encore), d'ancrer la morale dans de l'Être et dans du divin ; mais de repenser sa condition de *possibilité* – ou disons de viabilité – au regard des soupçons qui l'ont minée, on les connaît, sans pitié mais avec rigueur, qu'ils soient nietzschéens ou freudiens. Il faut désormais trouver une autre « entrée » à la morale.

Mais d'abord demandons-nous si l'intime peut être une catégorie morale alors que, je l'ai reconnu, il n'est pas une valeur, encore moins une vertu : qu'il ne se prévaut, en somme, d'aucun devoir être. À quoi je répondrai que, si l'intime ne peut pas effectivement être posé en valeur, en quoi il a du même coup le mérite d'échapper au « perspectivisme » et donc au relativisme des valeurs, il y a néanmoins par lui valorisation des sujets que nous pouvons être ou, j'ai préféré dire, leur *promotion*. L'intime, autrement dit, n'est pas une « qualité » (dont on se louerait), mais est effectivement *qualifiant*. D'autant plus qualifiant peut-être qu'on ne peut s'en targuer et que cette promotion interne que l'intime engage échappe à l'emprise et l'empire d'un « moi », donc aussi aux mérites dont il se pare, mérites toujours douteux, et ne donne pas prétexte à l'octroi – qui ne peut être que complaisant (la morale d'ordinaire n'en a-t-elle pas abusé ?) – d'un satisfecit.

A-t-on remarqué, déjà, à le considérer simplement du dehors, que l'intime n'est jamais vulgaire, même dans ces gestes intimes qu'on laisse voir en public, indécent peut-être mais jamais médiocre ? – ce n'est pas faire preuve de trop d'esthétisme que de le noter. Dans une vie qui s'est livrée à l'intime, c'est-à-dire qui s'aventure en lui, on décèle toujours une vie originale, et jamais plus une vie banale, les deux pour moi formant une alternative. Car elle a décollé – mais, c'est vrai, sans tapage – non seulement de l'ordinaire et du convenu mais aussi du prudent et du possessif. Elle a risqué et s'est risquée. En rompant l'enfermement,

« encapsulement » dit encore plus fortement l'allemand (*Verkapseln*, un terme heideggerien), dans lequel se ramasse, se ressasse et se rétrécit un « moi », c'est-à-dire en ouvrant une brèche dans sa clôture, l'intime produit un débordement qui, de ce seul fait, est dépassement. Ou disons que, en portant à délaisser les fins intéressées, dans ce dedans partagé, en délestant l'*ego* de ce qu'il s'arroge d'emblée pour assurer sa sauvegarde et qui fait son « bon droit », c'est-à-dire en défaisant ce système de sécurité et descellant cette assurance, l'intime provoque, qu'on répugne ou non à ce terme, quelque chose comme une élévation : « … une conversation bien autrement intime et relevée que celle qu'écoutent nos oreilles », dit le romancier (Stendhal) de ses deux personnages demeurant à l'écart, ne demandant rien de plus, dans un coin du bal. Or ce « relevé », touchant l'intime, est à entendre dans toute sa force. Il ne met pas seulement à part des autres, d'« autrui », il n'est pas seulement source à la fois de distinction et d'intensification, mais il « relève », métaphoriquement et surtout métaphysiquement parlant : il *relève* de l'étiolement dans lequel va s'enlisant, en s'enfermant, la vie.

Par suite l'intime fait surgir, comme dans toute morale, un *clivage* (c'est même qu'il y ait clivage qui fait la morale) ; voire, ce clivage, ici, emporte-t-il tout avec lui. Il y a ceux qui, y compris accouplés ou mariés, n'ont jamais, de toute leur vie, *accédé à l'intime*. Ils ont vécu durant des années l'un avec l'autre, on pourrait même dire durant des siècles, mais sans avoir ébréché la frontière du quant-à-soi. Ils ont vécu « l'un avec l'autre », mais non pas *entre* eux : il n'y a pas d'« entre » qui s'en soit dégagé, qui ait pu prospérer. Ils n'en ont

même pas – faut-il le dire? – soupçonné la possibilité;
ils n'ont jamais franchi ce seuil, n'y ont pas songé. Ils
n'ont jamais imaginé de pénétrer tant soit peu dans l'espace intérieur de l'Autre; et même ont-ils jamais envisagé qu'il existât, chez lui, un tel «espace intérieur»?
Et ce en dépit de – ou dirais-je plutôt à cause de? –
leur côtoiement continu. Car être côte à côte n'est pas
être «auprès». Cet Autre a pu devenir un être familier,
mais non pas intime. De cet Autre, ils savent tout, bien
sûr, ce «tout» enregistré au fil des jours, les mines, les
gestes, les tics et les réactions, les colères et les into-
nations, au point que c'en est obscène, et même sans
doute ne peuvent-ils plus s'en passer, y compris de sa
nuisance, tant ils y sont habitués. Mais chacun est resté
de son côté: ils ne se sont jamais «rencontrés».

Ils se sont croisés, et même cela toute leur vie, mais
ils ne se sont jamais *abordés*. Comme on aborde, sur la
mer, un autre navire, venant d'ailleurs, ou comme on
aborde un matin dans une île; ou comme on aborde au
port, un rivage. Avec ce que cet abord suppose toujours
d'inattendu: on «aborde», définit le dictionnaire, «un
lieu inconnu ou qui présente des difficultés» – n'ef-
façons pas plus ce péril vis-à-vis des êtres que vis-à-
vis des choses. Pour aborder, on vient de plus loin, on
émerge de son étrangeté et l'on s'enfonce dans celle de
l'autre. Si je m'en retourne au roman de Simenon par
lequel j'ai débuté, *Le train*, il est certain, même si l'on
n'en sait pas grand-chose, qu'il «aime» et qu'il aimera
sa femme (comme il la détestera aussi *in petto*, selon
la bonne vieille ambivalence qui gît lovée dans tout
amour). Mais il est tout aussi certain, de cette certitude
qui fait la vérité d'un roman, qu'il n'y a eu et qu'il n'y

aura jamais d'intime entre eux. Il peut y avoir entente
et même complicité et satisfaction à être ensemble et se
retrouver, mais non cette ouverture – aventure – d'un
« soi » pénétrant l'Autre (comme l'Autre le pénétrant)
et qui seule permet, ensuite, d'être « auprès » : non plus
côte à côte, mais du même côté face, par exemple, à la
débâcle. À plaindre, on peut le dire, et c'est là que la
morale reprend ses droits, ceux pour qui l'Autre n'est
pas tant étranger (car il y aurait de l'étrange à découvrir) que demeuré platement extérieur. – Et puis il y a
ceux qui ont accédé à l'intime.

3. L'intime cependant ne peut être une catégorie morale,
me rétorque-t-on, puisqu'il ne procède pas d'un choix
délibéré ; partant, ne renvoie pas à une responsabilité.
Mais jusqu'à quel point est-ce vrai ? Jusqu'à quel point
ne s'engage-t-on point dans l'intime, ou celui-ci n'exige-
t-il pas de résolution ? Car il faut *oser* l'intime : oser, à
la rencontre de l'Autre, ébranler le confort du quant-
à-soi, se risquer dans cette aventure où l'on quitte le
cocon des frontières fixant le « moi » et au-dedans des-
quelles celui-ci s'appartient et se thésaurise. Souvent on
s'est arrêté en chemin. Car on a peur d'aller trop loin,
préfère demeurer « réaliste » ; on tient à ménager cette
sécurité où le moi n'est pas menacé de se défaire par le
retrait de sa visée et de son intérêt. On peut répondre,
ou non, à l'appel de l'intime. S'il n'y a pas faute (et
« mal », par conséquent) à ne pas exploiter cette ressource de l'intime, il n'en est pas moins vrai que ceux
qui n'ont pas su développer d'intime ont raté quelque
chose ou plutôt l'essentiel. Peut-être ont-ils tout raté : ils
sont passés à côté. Or le mal, disait déjà Plotin, n'étant

pas quelque chose d'effectivement voulu, délibérément intentionnel, est toujours un «raté».

On répondra néanmoins que l'intime ne peut être une catégorie morale puisqu'il est lié à la rencontre adventice, donc à l'aléatoire, donc à la chance. Mais, là encore, *jusqu'à quel point* est-ce vrai ? Il est certain que j'aurais pu ne pas la croiser de ma vie. Mais, en même temps, ce n'est pas la croiser qui fait la rencontre et creuse de l'intime entre nous. Et même ce n'est pas tant l'un ou l'autre de nous qui compte, en tant que tel et tel qu'il est, avec ses qualités qu'on dénombre et plus ou moins fantasmées, que ce que nous sommes conduits à faire en commun pour engager et «entretenir» cet intime. La question est donc, en fait : jusqu'où risquons-nous – misons-nous – l'un et l'autre (version désormais strictement humaine du fameux pari) pour sortir de notre isolement-côtoiement (le parallélisme des solitudes) et basculer «d'un même côté» face à l'«autrui» du monde ? Comptent moins la vertu ou les dons de l'un ou de l'autre que le point – le stade – où chacun, dans sa vie, est arrivé et est prêt à oser. Car c'est toujours vis-à-vis d'un «premier venu», qu'on le veuille ou non, comme le disait déjà Rousseau de ses parents, qu'on s'ouvre à l'intimité. De là, la question devient plus radicale encore : serait-ce donc envers n'importe qui que je peux engager cet intime ? Peut-être… Peut-être, tant l'intime est différent de l'amour, n'est pas question de préférence et de séduction, n'a pas en vue notre propre satisfaction, mais est plutôt la décision progressivement mûrie de s'enfoncer ensemble dans ce fonds sans fond d'un dedans partagé.

La question encore se retourne. Dite à l'envers (et devenant brutale): est-on donc coupable de sa solitude? Car l'alternative est simple: on est intime ou on est seul (seul y compris dans son «amour»). Car, si l'on dit que la solitude est une malchance, qu'on n'a pas «rencontré», ou bien qu'on n'avait pas les «qualités qu'il faut», il est facile alors de rétorquer que tout le monde, dans sa vie, a croisé quelqu'un qu'il suffisait d'aborder. On est responsable de sa solitude du fait de ne pas avoir su pousser (forcer) la porte de l'Autre, s'adresser et accéder à lui, lui parler comme à un «Toi» – on est resté en deçà, on a respecté la frontière, on a craint de s'exposer ou, aussi bien, d'agresser. D'autre part, même si l'autre nous est retiré, qu'il est mort, on peut néanmoins demeurer intime avec ou plutôt envers lui, cette ressource capitalisée n'est pas perdue. De quelque nature qu'elle soit, une séparation ne détruit pas l'intime. Car l'intime n'est pas de contact (coudoiement), mais d'intériorité, ou plutôt d'un «plus intérieur que l'intérieur». C'est pourquoi il n'exige pas la présence, peut se développer dans l'absence. Dans l'absence, on peut rester «auprès».

4. Reste une critique majeure et qui, cette fois, paraîtra imparable: l'intime n'a pas l'universalité qu'on sait requise par la morale, et même il la contredit. On est intime envers tel Autre, voire cet intime possède peut-être un effet d'ambiance (comme auprès de Mme de Warens), mais laisse de côté tous les autres, qui ne sont pas pour autant des «intrus». À quoi je répondrai que, quand c'est, à l'inverse, par une universalité posée d'emblée qu'on aborde la morale, comme le fait si bien Kant avec son impératif catégorique, une telle morale ne peut, vérifie-t-on, que conduire à un forçage existentiel, et ce par son caractère incondi- tionnel, ce qui la rend si peu convaincante, autrement dit mobilisante, du point de vue des sujets (la critique que, depuis Schopenhauer, on a faite à Kant); et que, d'autre part, une telle morale n'échappe pas à la contra- diction concernant ce qui devient alors, qu'on le veuille ou non, son «application» (à la situation): à preuve la position intenable – intenable parce qu'intolérable au regard de notre sens de l'humain – dans laquelle s'est enferré Kant acculé, dans son débat avec Benjamin Constant, à soutenir le principe d'une inacceptabilité absolue du mensonge. Or ce point «intenable» porte à lever rétrospectivement le voile sur l'ensemble de sa construction éthique; et d'abord à soupçonner ce qu'il faut bien nommer, dès lors, son «inhumanité», non pas à cause de son idéalité, comme on croit (celle de maximes trop élevées), mais bien de sa *déshumanisa- tion*, au contraire, telle qu'elle est sécrétée par la Raison sous le couvert placide – étanche – de cet universel. Qu'on «fonde» ainsi, aussi nécessairement, «apodicti- quement», qu'on veut, on ne peut *entrer* effectivement par là dans ce qui fait la justification de la morale.

C'est pourquoi à cette moralité «fondée» sur l'uni- versalité, universalité posée arbitrairement d'emblée, je préférerai ce que j'appellerai une morale de l'*indicia- lité*, autrement dit qui fait signe localement vers un *pos- sible* dont il revient ensuite de tirer parti et d'exploiter plus globalement la ressource (j'en emprunte l'idée, pour une part, à la pensée chinoise, notamment chez Mencius, selon le thème d'un «bout», *duan* 端, qui, affleurant, devient perceptible et dont le fil, dès lors, est à tirer pour en développer l'effet). Car cet intime engagé envers tel Autre est l'indice d'une vocation morale que je peux aussi déployer avec quiconque en ouvrant un dedans avec lui. Bien sûr, dans cette extension, la relation change d'ordre et de nature, ce dedans partagé n'est plus le même ; mais reste la disposition d'ouverture faisant tomber la frontière, et c'est elle qui est proprement morale. Cet intime indiciel et l'événement de la rencontre auquel il donne lieu mettent en chemin : ils mettent sur la voie d'une mise en commun et d'un partage dont la teneur est l'« humain » et l'horizon, au bout du compte, *peut* devenir l'humanité.

Je me suis en effet longtemps demandé, sceptique et même quelque peu ironique, pourquoi l'ONU n'avait finalement pas trouvé mieux, pour justifier l'universalité de sa Déclaration des droits de l'homme, que d'invoquer la grande « famille humaine », ainsi qu'on le lit dans son préambule. Car, à défaut de pouvoir l'envisager dans un sens généalogique, manifestement dérisoire (on descendrait tous d'Adam…), que peut véhiculer encore, ici, la « famille », qui ne soit pas d'une idéologie traditionaliste par trop marquée et désuète ? Voilà qui nous laissera perplexe, en effet, sauf à se demander si « famille », ici, n'est pas le simple indicateur d'un « dedans ». Car à quoi peut-on en appeler, en dernier ressort, pour instaurer des droits de l'homme universels et sans se perdre, entre civilisations, dans un interminable débat sur les valeurs, si ce n'est précisément à ce qui se qualifie (ou bien, sinon, se trahit) comme un dedans partagé (par toute humanité) – et que désigne exemplairement ici la « famille » : c'est-à-dire à ce qui n'est, somme toute, qu'une « intimité » de l'humain – propre à l'humain, à l'échelle de l'humain ? Ce qui fait d'ailleurs paraître *a contrario* que ce mal extrême que la Seconde guerre mondiale a fait surgir et qui s'est trouvé si radicalement (systématiquement) mis en œuvre dans la Shoah, mal dont on ne peut rendre compte qu'exceptionnellement par le pathologique et des déviations monstrueuses et que veut bannir à tout jamais cette Déclaration, n'est peut-être, au fond, que cela : avoir traité l'homme comme complètement extérieur, c'est-à-dire ne plus avoir reconnu aucun *dedans* qu'on puisse avec lui – ou plutôt envers lui – partager. À partir de quoi on en a disposé, effectivement, sans plus aucune humanité.

Car il est incontestable, et ce quotidiennement, à ras d'expérience, qu'on se rapporte d'emblée aux autres selon la seule mesure de l'intimité qu'on éprouve envers eux, c'est-à-dire à proportion du « dedans » qu'on sait (qu'on sent) qu'on peut partager avec eux. Ce quotidien est-il susceptible d'exception ? Encore faut-il distinguer deux façons de promouvoir un tel dedans de l'intimité – et c'est où l'on retrouve encore, par un autre bout, le clivage à quoi tient effectivement la morale. Soit je promeus un tel dedans en produisant en regard un dehors négatif qui fait saillir par contraste ce partage intime : en honnissant et bannissant cet autrui, je referme et renforce l'intimité qui l'exclut. Tel est le tiers commode dont on s'occupe si souvent à table, en famille, et qu'on a besoin de cibler pour se sentir assemblé. Or on a tous du dehors à faire jouer, au moins fictivement, pour conforter ce dedans rétréci ; et si l'humanité mondialisée en vient à manquer d'un tel dehors, elle pourra toujours s'inventer des Martiens menaçants. Soit c'est positivement et par la qualité de l'*entre-nous* que j'active cette intimité. L'intime alors seulement est fécond parce qu'il fait sourdre au plus profond de soi un plus profond que soi – la formule même de l'intime – et, abolissant la frontière dedans/dehors, découvre en soi-même ce Dehors par quoi se déploie un «soi». L'universel n'est plus alors projeté impérativement, comme dans le formalisme kantien, mais c'est à quoi, de lui-même, *i.e.* du plus interne à soi, ce «soi» alors se relie.

5. Nous avons connu, en Europe, deux sortes de morale. D'une part, des morales de *régulation*, morales sociales, essentiellement négatives, qui bornent les désirs de chacun pour les rendre compatibles avec ceux d'autrui : morales reconnues nécessaires, mais purement restrictives, qui n'ont cure d'absolu ni d'élévation des sujets. De l'autre, des morales que je dirai de *vocation*, à visée de promotion, qui portent au déploiement d'un moi-sujet en le reliant, à travers son élévation morale, à l'objet ultime de toute aspiration, posé au-delà de toute condition, autrement dit l'«inconditionné» *(unbedingt)* ou l'absolu. Mais cette dernière sorte de morale, en dépit de l'autonomie du sujet qu'elle affirme, reste dépendante, on ne le voit que trop chez Kant, d'un supposé théologique. De là la question banale, mais dont la banalité fait notre modernité même : comment détacher une telle vocation morale du religieux et du commandement qui, en dépit des élaborations de la raison, restent impliqués à son «fondement» ?

Or, c'est précisément là que l'expérience de l'intime

me paraît pouvoir *indiquer* une issue. Car le religieux chrétien qui l'a fait émerger et en a déployé la ressource s'y convertit en morale de l'humain qui n'est plus qu'humain (l'Autre est un autre homme, toute référence à Dieu s'efface) ; mais en même temps d'un humain *plus humain*, déployant l'humain, c'est-à-dire en déployant la ressource, tant il est vrai que s'y découvre ce que j'ai appelé, faute de mieux, un fonds sans fond d'humanité : son filon met sur la voie d'un incommensurable, au sein de notre expérience, ou disons d'un inintégrable, qui, dans sa relation à l'Autre, est en lui-même tension vers l'inconditionné. C'est pourquoi j'y vois un avenir à la morale lui rouvrant une perspective d'absolu tout en la dégageant des soupçons qui l'ont si justement mise en cause.

Le premier mérite de l'intime est donc qu'il nous sort – nous libère – des morales de l'intériorité et de leur confinement. Mais sans nous faire verser pour autant dans le positivisme social, l'autre démon des derniers siècles. Disons, de même, qu'il déploie une subjectivité et lui redonne, malmenée comme elle a été, une assise et une viabilité, mais en faisant justement barrage à tout subjectivisme. Si j'en reviens aux formules que j'ai essayées tour à tour, chemin faisant, pour m'en approcher, je dirai finalement que, en même temps que je « rencontre » l'Autre, que je m'ouvre intimement à lui, c'est-à-dire que je découvre dans ce Dehors de l'Autre un « plus intérieur » de moi (que moi), ce « moi » sort lui-même de son confinement parce qu'appelé à se déborder. L'intime est l'irruption continue d'une immensité du Dehors, mais au plus intérieur de (que) mon intérieur et promouvant celui-ci. L'intime reconfigure ainsi l'humain et le *tend* – cet humain ne s'étendant plus dès lors que de lui-même – autour de son seul paradoxe : dans l'intime, l'intériorité se creuse, mais en sortant d'elle-même ; elle s'éprouve en plus dedans parce qu'elle accède à un Dehors. Car entendons que, en accédant à ce dehors de l'Autre, je n'accède pas en retour à « moi » comme s'il s'agissait là d'un ricochet, ou même de quelque mouvement interne à la dialectique, mais bien à la source, extérieure/plus intérieure, à partir de laquelle tout sujet peut se développer, tire sa ressource et sa capacité.

Se réarticule ainsi, dans l'intime, rien de moins que l'opposition selon laquelle s'est scindée la philosophie, entre immanence et transcendance, ce vieux couple dont on a tant ressassé la dispute, au fil des siècles, qu'on en croit tout connaître et n'en attend plus rien. Celui-ci est-il donc à jeter ? Or, au lieu qu'immanence et transcendance se pensent encore extérieurement l'une à l'autre, retombant chacune de son côté, que l'affirmation de l'une ne se fasse donc qu'au détriment de l'autre, que chacune en soit donc à défendre son pré carré au point qu'il y ait un parti de l'une face au parti opposé –, l'intime non seulement conjoint les deux mais éclaire, de plus, la nécessité de leur conjonction. Car, le théologique écarté, la transcendance, quant à elle, n'est pas pour autant évacuable si l'on veut penser l'« humain » – Nietzsche lui-même l'a reconnu en même temps que, cette transcendance déconnectée du religieux, il n'a plus su où la loger (sa Volonté de puissance n'en est qu'un mauvais succédané). Or, dans l'intime, cette transcendance, en tant qu'appel d'un Dehors, se découvre au sein, et même au « plus intérieur» – au creux du creux – de l'intériorité immanente selon laquelle va se développant et se renouvelant la vie. C'est pourquoi une intériorité proprement humaine ne prend de consistance et ne se détient, ne se retient, qu'en s'ouvrant à de l'Autre; ou que la vie humaine n'est humaine que par aspiration à de l'absolu ou de l'inconditionné : n'est pas seulement métabolisme et reconduction, telle qu'est la vie biologique, mais bien *promotion* (de l'humain), et qu'elle a donc «vocation» à la morale.

Ce pourquoi l'intime est le contraire de ce qu'on croit, qu'il se dissimule sous son opposé – tel est le prix à payer à son paradoxe. Il n'est pas mièvre, doucereux, placide, mais le plus exigeant. Tandis qu'on se le représente volontiers comme un confort des sentiments, un retrait loin des agressions du monde extérieur, la mise à l'abri de ses heurts et de ses violences – rideaux tendus et tapis épais : la paix sous la lampe (la scène à la Schiller) –, l'intime en lui-même est bouleversant. Loin d'être ce *cosy* de l'«être ensemble», il le fait chavirer dans l'inouï. Sous le phénoménologique de l'intime, c'est très tôt la dimension du métaphysique qui transparaît; ou, sous son discret, du brutal. L'intime, j'en ai prévenu, est le contraire de l'«intimiste». Il n'est pas du décor, mais ouvre un «fond du fond». Parce qu'il est à la fois absolutisant et monopolisant, l'intime en son principe est violent. Car ne pas s'arrêter en chemin, en se livrant à l'Autre, aller plus loin, est dangereux; si on l'a cru facile, on s'est trompé sur lui. Car il est affrontement continuel de la limite : jusqu'où puis-je aller, avec en même temps qu'envers toi, pour faire sauter le verrou intérieur de mon «moi», descellant la frontière ordinaire, et en faire un dedans partagé? Mais, par suite aussi, ce basculement dans l'intime, à lui seul, change tout : une fois qu'on s'est engagé, enfoncé, dans l'intime, plus rien n'échappe, tout s'en trouve éclairé, le reste de la vie en est happé.

Le *décrire*, par conséquent, puisqu'on ne peut le prescrire – scène de roman. Il lui dira, ce soir, quand ils se retrouveront, combien il éprouve, quand il est loin d'Elle, tous les détails de sa vie à elle, dont il est envahi – mais il est vrai que, sous la lumière de l'intime, il n'est plus de « détails » dans sa vie, tout compte. Il ne les imagine pas seulement, capacité qui reste trop volontaire encore, mais se trouve transporté en eux, baignant dans leur élément : non seulement son tressaillement quand elle frappe à la porte, mais déjà comment elle a laissé vagabonder sa pensée durant ce trajet, se perdre et revenir, remarquant telle chose mais aussi rêvassant, songeuse. S'éprouver « au-dedans » d'elle, ce contre quoi venait buter l'intelligence de la pitié au sein de la philosophie classique, dans l'intime, n'est plus un « mystère » par sa réaction insolite, mais devient une façon d'être, un *êthos*. Car je peux même savoir mieux qu'elle – ce n'est en rien forfanterie de le dire – ce qu'elle pense et ce qu'elle est. Non par quelque intuition privilégiée ou prétention d'analyse, mais parce que, n'étant pas pris dans le confinement de son moi, je le révèle à lui-même, de mon dehors, et que jaillit entre nous, de l'un à l'autre, ce plus dedans que soi.

De cela, on connaît la condition d'entrée : lever la frontière d'avec l'Autre, c'est du même coup retirer toute vue intéressée, et même ne plus projeter de vues sur lui, le laissant « ex-ister ». En quoi cette intimité se dissocie radicalement – diamétralement – de la conquête amoureuse, même si le mot d'«amour», par convention et du fait de son prestige, embue encore souvent les deux. Que celle-ci puisse se convertir en celle-là, la conquête amoureuse en intimité, ne laisse d'ailleurs que mieux paraître leur écart par ce renversement : en quoi nous voilà passés subrepticement en terrain stendhalien. Car c'est le mérite de Stendhal que d'avoir ouvert une place à l'intime, et même d'en avoir fait un «monde», en dépassement de la passion. Et, si l'on a abandonné l'idée d'une morale qui prêche, il n'y a plus à s'étonner qu'on ait à suivre Stendhal, après Rousseau, pour y lire, dans sa *description* des situations, cette vocation morale ; de plus, l'intime étant toujours une aventure du singulier, il y a tout profit à tirer, à nouveau, de l'éclairage du roman : à titre, non pas d'illustration, y cherchant des images, mais bien plutôt d'exploration. Car il faut ce qu'on appellera, par oxymore, une intelligence *sensible* (stendhalienne) pour approcher l'intime.

VIII – Au Chasseur vert

1. L'âme romantique, suivant sa fêlure interne («Moi, mon âme est fêlée»), a dédoublé la femme. Lointaine, «vague», «angélique», elle se laisse à peine entrevoir, parée de toutes les perfections et «nimbée» de mystère : elle tient à peine à ce monde et fait rêver d'Ailleurs. Ou bien elle est proche, au contraire, familière, fraîche et gaie, offrant le simple, invitant à la vie. Elle est «la fleur de la nuit éclose à la pâle lueur de la lune», support de toutes les nostalgies ; ou bien la jeune villageoise avec laquelle on va un matin d'été à la fête, en courant les champs. Révélation de l'immédiat ou de l'infini. Chez Nerval : Adrienne ou Sylvie. Chez Baudelaire, elle est la mulâtresse se livrant à la volupté du mal ; ou bien elle est la Madone, celle que n'effleure aucun désir – lui sera seulement demandée son intercession pour s'élever à l'idéal. Or, chez Stendhal, la bipartition est tout autre : le clivage ne se fait pas entre le rêve et le charnel, le lointain ou le familier, selon que la femme se donne ou demeure inaccessible ; il se joue uniquement sur l'accès à l'intime. Stendhal aborde la femme selon ces deux relations contraires : de conquête ou d'intimité. Il ne connaît pas d'autre alternative. Ou plutôt, dans un cas, la seule relation possible restera celle de la conquête ; dans l'autre, la relation de conquête bascule dans ce qui se révèle son contraire : l'intime – les deux s'excluent.

Cette bipartition est aussi celle de deux espaces (les deux volumes du roman stendhalien). Parce que Paris est le théâtre de la relation qui s'affiche et de l'ambition, Paris est le lieu destiné à la seule conquête amoureuse. Telles sont les femmes à conquérir en gardant un pistolet chargé à portée : Mathilde de La Mole, Mme Grandet. L'une et l'autre ne seront jamais intimes, même au sommet de leur passion, et cette incapacité à l'intime suffit à les définir : elles ne sont occupées que de leur satisfaction, ne sortent pas des vues intéressées (même quand elles rêvent d'être dominées). Elles ne sauraient accéder à l'intime parce qu'elles n'en imaginent même pas la ressource. La province, en revanche (Nancy, Verrières), ennuyeuse comme elle est, n'en laisse pas moins, de ce fait, place au retrait, donc aussi à l'épanchement discret, fuyant l'hypocrisie, ainsi qu'au partage de la rêverie dans le silence du soir ou les grands bois – donc se prête à l'intime : Mme de Rênal, Mme de Chasteller y donnent accès à cet autre monde.

C'est pourquoi ces deux romans (*Le Rouge et le Noir*, *Lucien Leuwen*) sont construits chacun en deux volumes qui tracent la montée (ou remontée) de la Province à Paris, c'est-à-dire le passage d'une éclosion de l'intime à son contraire, obstinément muré dans la stratégie. Mais toujours la première relation, celle où s'est découverte la possibilité de l'intime et qui l'a fait lever, hante l'autre et se fait regretter, et ce jusqu'à faire abandonner cette autre – est-ce même là un sacrifice ? –

au moment même de son triomphe. Le propre du héros stendhalien – ce qui en fait effectivement un « héros » – est que, en dépit de son ambition ou de sa passion, il se révèle, et d'abord à lui-même, comme celui qui est prêt à tout donner à l'intime. Dans *La Chartreuse de Parme*, en revanche, cette structure Paris-Province ne jouant pas, le basculement dans l'intime n'apparaît pas non plus : dans ce cadre béni du Lac italien, l'intimité vient d'elle-même, et même elle n'a pas besoin de venir, elle était là, donnée, native, comme au paradis terrestre ; seule sa disparition – sa désertion – est évoquée.

Qu'il faille *accéder* à l'intime, que l'intime promeuve le sujet et l'élève, qu'il soit une catégorie morale et même peut-être la seule effective, c'est ce qu'on vérifie, en effet, au destin des deux personnages. S'il n'avait atteint à l'intime, Julien ne serait resté qu'un petit ambitieux, au mieux un « plébéien révolté ». Mais la découverte de l'intime auprès de Mme de Rênal l'a libéré de la « sécheresse d'âme » (le confinement de son « moi » volontaire) dans laquelle son souci de revanche sociale jusqu'ici le murait. De même, sans l'intime, Lucien serait demeuré un « fat », préoccupé seulement de ses chevaux et de ses livrées, tout content de faire trembler les maisons de bois de Nancy sous le bruit de ses attelages, fier de ses plans de conquête et se croyant habile. Seul l'intime, en vrai, le qualifie. Car il faut se révéler le contraire, faire remonter d'un plus profond de soi tout autre chose, bref (re)devenir « simple », « enfant », « timide », « naïf », pour entrer dans l'intime.

Ces personnages stendhaliens, en effet, ce n'est pas la passion qui les élèverait au-dessus d'eux-mêmes.

Car, comme de juste, leur passion reste froide, cynique, calculatrice et de ce fait égoïste, elle demeure dans la logique de leur ambition. En revanche, quand ouvrant peu à peu, à leur corps défendant, un espace de partage avec la femme *rencontrée*, ils ne voient plus en elle un objet de conquête et de satisfaction, la ressource qui se découvre alors au plus intérieur d'eux-mêmes, au plus intérieur que leur intérieur, déploie inépuisablement leur qualité – qualité qui serait restée, sinon, insoupçonnée. Tel est, chez Stendhal, ce qui, en définitive, sous l'enseigne de la «chasse au bonheur», fait clivage entre les êtres : qu'ils sachent, ou non, passer outre au rôle qu'ils sont censés tenir, et qui les fait ordinairement tenir; qu'ils sachent enjamber les convenances et les pudeurs imposées, négliger les prudences et les plans projetés et laisser le monde se refermer sur eux deux, sur eux seuls, en ignorant superbement autrui et son irrémédiable médiocrité : «médiocre», parce que, de cet intime, celui-ci n'a même pas l'idée. Eux ne cherchent même plus à le défier. En acceptant entre eux de laisser tomber leur défense, d'abandonner leur défiance, d'abolir les remparts par lesquels chacun se protège et munit son moi, ils ont promu cet *entre*, intarissable, d'où seul peut émerger un «plus dedans» que «soi». Auprès d'elle, Julien ne se méfie plus, il se confie. Ou ce n'est même plus de se confier qui compte : partager des «secrets», ce serait encore borner le partage; mais comprenant qu'il trouve tout, ne pouvant rien désirer d'autre, dans cet «auprès», il peut enfin – serait-ce après qu'il vient d'être condamné à mort – commencer d'«exister».

2. Entrer dans l'intime, par conséquent, c'est quitter : c'est renoncer aux visées qu'on avait sur l'autre, se démunir de toute stratégie à son égard, dire adieu aux projets d'annexion et de captation, se retenir même de toute intention. Bref, c'est quitter ce qu'on connaît, et qu'on possède, comme étant son « moi ». On commence en Don Juan et, découvrant l'intime, on finit en Saint-Preux (*De l'amour*, chap. LIX). Car on ne doit pas oublier que le héros stendhalien, Julien, Lucien, débutant par une entreprise de conquête répondant à son ambition, manœuvre d'abord autour de sa proie, se force à marquer des points. Julien se fait un devoir de reprendre la main que Mme de Rênal lui a un instant abandonnée. Il veut imposer son dessein à l'autre, lui faire reconnaître sa défaite pour en faire une étape vers la possession : « Il l'observait comme un ennemi avec lequel il va falloir se battre. » De même, le sous-lieutenant Leuwen se croit un fin stratège en enveloppant Mme de Chasteller dans les rets de ses manœuvres concertées et de ses lettres de sept pages.

Mais voici que l'ambitieux bascule dans son contraire et y découvre sa vérité. Il « découvre », en effet, mais sans vraiment en tirer la leçon, car justement il n'en est plus à penser en termes de leçon dont on aurait à tirer parti, que c'est en abandonnant ses projets sur l'Autre que l'on progresse en lui : qu'on le « rencontre » ; autrement dit, que vient à nous ce qu'on n'attendait pas. Ou plutôt qu'on ne savait pas qu'on attendait. Il est vrai que, sur ce chemin de l'« exister », l'amante toujours a précédé : « Pour Mme de Rênal, la main dans celle de Julien, elle ne pensait à rien, elle se laissait vivre. »

Ne songeant plus à pousser ses affaires et emporter la place, un tel «héros» ne peut plus être désormais que dans la seule attente de ce qui vient tout seul, qui ne vient que tout seul, sans rection ni dominance d'un «moi»: le retour – qu'on voudrait éternel – d'une soirée d'intimité. Il ne voit plus – il n'y a plus – d'au-delà. Car il pressent que toute démarche de sa part enclencherait à nouveau le cycle infernal de l'attaque et de la défense, du piège tendu à l'autre où chacun pense à soi – où chacun se retrouverait de son côté. Lucien se fait peu à peu à cette vérité lors de ses soirées à l'hôtel de Pontlevé: toute manœuvre ne pourrait que se retourner contre ce bonheur de l'*être auprès* (dans le petit salon aux persiennes vertes); l'état de grâce de l'intimité – ce paradis des intérêts suspendus – serait perdu. Plus d'«événement», dès lors. Mais aussi, pour le romancier, comment avancer? Plus rien n'arrive, effectivement, ne «se passe» dans l'intimité. C'est pourquoi Stendhal ne sait comment finir ses romans: s'il n'y a plus de vouloir agressif qui fasse progresser l'histoire, que raconter? Et même, dans cette intimité, tout en vient à se taire, rien n'a plus besoin de s'ébruiter: qu'en rapporter? Aussi Stendhal n'a-t-il d'autre issue que d'inventer la fin abracadabrante de Lucien à Nancy pour pouvoir tourner la page et s'en sauver.

Si l'intime implique de renoncer à la volonté conquérante, une fois entrevue sa ressource, s'il commande qu'on abandonne alors toute prétention d'un «soi» pour accueillir cette immanence, en soi-même, d'un plus intérieur à soi que déclôt l'Autre, il n'en exige pas moins, en amont, que l'on se risque en lui. Car, je l'ai dit, il faut *oser* l'intime. Non seulement oser laisser tomber les pudeurs et les conventions, mais surtout faire fi de tous les systèmes de protection dont le moi s'entoure et par lesquels il se met à l'abri et se ménage. Il y a un moment où l'on se résout, ou non, à lever les dernières défenses, à laisser de côté les dernières intentions, au prix de quoi seulement on peut entrer dans l'intime. Je le fais ou je ne le fais pas. C'est en quoi l'intime non seulement fait clivage mais est aussi l'objet d'un choix ; est donc à vocation morale. Stendhal a marqué, dans *Lucien Leuwen*, ce moment où les personnages enfin s'y aventurent, sans plus s'encombrer d'habileté ou serait-ce seulement de prudence. « Daignez pardonner, dit alors Lucien, cette façon de parler trop intime » ; et Mme de Chasteller « fit un signe d'impatience qui semblait dire : "Continuez, je ne m'arrête pas à ces misères" ».

Ils ont enfin délaissé, d'un coup, ces rivages de la sociabilité ordinaire suivant lesquels l'on navigue toujours à vue ; où tout glisse, tout est lisse, où ne se pêche – ne se prêche – que de l'aimable et du bien-pensant. Eux viennent d'un coup d'en franchir les balises, se libérant de ces contraintes et de ces restrictions. Ils viennent de s'embarquer en solitaires, courageux, audacieux, sur la mer d'une parole redevenue immense, mais parole essentiellement tacite, où tout ce qui est dit est à nouveau aventureux, mais qui se referme sur eux, où ils ne sont plus qu'eux deux et qu'ils sont seuls à entendre.

Tout témoin, tout tiers (le cousin Blancet), n'y comprend rien, bien sûr, demeuré qu'il est dans les filets bornés de la conversation. Il ne peut *aborder* cet échange, y prendre pied, le trouvant fatalement « choquant et à peu près inintelligible ». Il *n'y accède pas*.

Car eux s'adressent alors l'un à l'autre « d'âme à âme »
(et ne mesure-t-on pas, fasciné, quel creusement sub-
jectif a connu la formule depuis Platon, même si c'est
lui qui a introduit cette rupture promouvant l'idéal ?) :
« … comme il convient à deux âmes de même portée,
lorsqu'elles se rencontrent et se reconnaissent au milieu
de cet ignoble bal masqué qu'on appelle le monde ».
« Âme » : vraiment, y fallait-il encore l'« âme » ? Car,
après qu'il a désigné tout principe vital, puis qu'il a
servi – s'est compromis – en support métaphysique de
l'immortalité, on croyait le mot mort. Service rendu,
mais achevé. Or Stendhal (le romantisme) le récupère,
le ressuscite, et même il le rend indispensable pour
pointer vers cette intériorité sensible excédant sa limite
et qui, dans l'intime, parce qu'on ne distinguera plus
alors entre ses deux bords, l'intime de la « privauté » et
l'intime de la relation, s'éprouve – se découvre – infinie
dans sa portée.

3. Puisque je reste plongé dans *Lucien Leuwen*, il
est temps que je me demande : de tous les romans de
Stendhal, *Lucien Leuwen* n'est-il pas celui qui a de
plus près cerné l'intime (vol. I ; le vol. II en traitant
a contrario) ? Ou ne serait-ce pas de tous les romans
du monde, ne pourrait-on pas avancer sans trop se
risquer ? (Temps aussi que je m'explique à moi-même
pourquoi, durant les années de mon exil hongkongais,
c'est *Lucien Leuwen* et les *Confessions* de Rousseau que
j'ai le plus longtemps gardés sur ma table.) « Nancy »
ou de l'accès à l'intime. Comme Fabrice, d'une certaine façon, Lucien avait d'abord connu l'intime sans le
savoir dans le salon parisien de sa mère, paradis d'une

enfance abritée, en retrait de tout parisianisme et où l'on sait encore être sincère. Mais quand on a été chassé de l'École polytechnique et qu'il faut s'engager dans une carrière, on se rend fatalement à Nancy comme en exil. Car, là, nulle part où aller, le soir, après le service. Pèse toujours la contrainte, sous ce régime si sourcilleux de la monarchie de Juillet, de rester sur ses gardes vis-à-vis d'autrui, de peur de se compromettre ; quant aux gens honnêtes, ils prêchent et sont ennuyeux.

Lucien Leuwen est le roman de la quête d'un *dedans partagé*. Car, quand Lucien en vient à être admis et même fêté dans la bonne compagnie du lieu, c'est enfin, les barrières sociales se levant, un dedans qui s'ouvre : il franchit un *seuil*, mais qui n'est que social. Aussi ce dedans a-t-il tôt fait de se retourner en nouveau dehors : il convient à nouveau de surveiller tout ce qu'on fait et ce qu'on dit, chez ces nobles de province, pour ne pas heurter leurs préjugés d'un autre siècle. Nouveau régime de suspicion condamnant le partage : il faut feindre ou, sinon, risquer encore d'être chassé. Or Lucien n'a lui-même d'autre mérite que d'avoir aimé les mathématiques et d'être le fils d'un grand banquier. Il n'a pas la grâce aristocratique d'un Del Dongo, sur fond de Lac italien ; il n'a pas non plus la force plébéienne, quasi surhumaine, d'un Sorel, capable de vouloir démesurément pour s'élever.

C'est alors que le roman se noue par basculement dans l'intime : que se découvre en soi-même un accès à plus intérieur que « soi » parce que s'ouvrant à l'Autre dans un dedans partagé. Ce moment où s'abolit la frontière, où du dehors devient dedans, où l'autre a pénétré l'espace intérieur et finit par l'envahir tout entier, est,

Stendhal n'en peut douter, le plus intense – le seul
« intéressant » ? – qu'il soit donné de vivre, le seul qui
fait *exister* : celui où de l'humain soudain s'ébroue,
secoue ce qui le murait dans son silence, l'enlisait dans
sa solitude, le condamnait à la platitude, et réagit à vif.
On pourrait croire qu'il a suffi d'une excitation soudaine pour qu'un tel seuil soit franchi, entraîné qu'on
peut être alors par la gaieté inattendue d'une soirée de
bal et après avoir un peu bu – mais est-ce assez ? Est-ce
assez pénétrer ce qui se passe et ce qui s'entrouvre ?
Sans songer à « ce qu'elle osait dire », voici que Mme de
Chasteller rompt d'un coup la parole, à la fois de bavardage et de bienséance, par laquelle on paye d'ordinaire
son écot à la société et se risque.

En fait, comme dans toute histoire, derrière la
« petite », se tient la grande, et vigilante : la qualité
– capacité – la plus intérieure de deux êtres, si longtemps contenue, s'ouvrant une brèche entre eux, enfin
se livre. Imaginaient-ils seulement que c'était possible ?
Ou plutôt avaient-ils songé à se l'imaginer ? Cet inouï
– inouï au sens propre – les fascine comme sont fas-
cinés soudain des insectes par la lumière de la lampe
qui s'allume. Il y a donc de l'événement qui arrive, non
pas en soi (d'où viendrait-il ?), mais *entre* soi : de cette
seule ressource de l'« entre ». Le mot que lui dit alors
Lucien est prononcé avec « un accent si vrai », « une
intimité si tendre » que Bathilde (quel prénom pour
l'intime !) en est en même temps saisie et ravie : ravie
de ce qu'elle ne savait pas qu'elle attendait. Quoi qu'ils
aient encore (toujours) à démêler ensemble, les voici
embarqués dans un aparté chavirant où s'oublie tout
le reste et dont ils ne voudront plus revenir. Le tiers

(l'intrus), si benêt qu'il soit, cette fois, ne s'y trompe pas. Concernant de Blancet : « il était jaloux jusqu'à la folie de l'air d'intimité… ».

Or une fois que, porté par cet instant d'audace, on a abordé au port de l'intime, qu'on en a touché la ressource, mais sans bien encore en mesurer les conséquences, il faut pouvoir y jeter l'ancre : après les premiers transports d'un « bonheur jeune et sans soupçon », vient le temps le plus précisément stendhalien de l'enfoncement dans cette poche de bonheur qu'on vient soudain de heurter, sans y être préparé, mais dont on ne peut plus supporter qu'elle puisse un jour se refermer. Le *Café-hauss* du Chasseur vert en est, aux abords de Nancy, le cadre modeste mais privilégié (évoqué déjà plus prosaïquement dans *Le Rose et le Vert* : il y a là comme un reste de sentimentalité allemande à la *Werther*) : avec ses grands bois traversés du soleil couchant, les allées dans lesquelles on s'enfonce en se donnant le bras, des cors de Bohême, dans le fond, jouant Mozart et Rossini et la famille de Serpierre, autour d'eux, du genre bon enfant et servant à la fois de compagnie et de diversion – il faut effectivement des figurants bienveillants alentour pour éviter l'immobilisation dans un face-à-face auquel ils ne sont pas prêts. Notation *simple* (phrase simple), ou « détail » de l'intime : « Leur bonheur de se trouver ensemble était intime et profond. Lucien avait presque les larmes aux yeux. Plusieurs fois, dans le courant de la promenade, Mme de Chasteller avait évité de lui donner le bras, mais sans affectation aux yeux des Serpierre ni dureté pour lui. » Du terme « intime », Stendhal à vrai dire, dans ces pages, n'abuse pas, bien qu'il l'eût pu placer à chaque ligne. Épanchement d'autant plus prégnant qu'on sait Stendhal si volontiers ironique à l'égard de ses personnages, qu'il fait tous ses efforts, nous dit-il lui-même, pour être « sec » (or le *sec* est le contraire de l'intime), qu'il craint toujours d'avoir « écrit un soupir » en lieu et place d'une vérité et se défie des sentiments. Mais il est vrai aussi que l'intime est bien l'inverse de l'enflure.

4. Si l'on se souvient que Stendhal plaçait *La Princesse de Clèves* « au-dessus de tout », on perçoit alors mieux les deux, à la fois la filiation et son dépassement : en quoi l'intime peut nommer ce qui distingue son roman de celui de sa devancière et porte l'exploration plus loin. Car Mme de Chasteller est bien la sœur de la princesse de Clèves, sœur dans le don de l'émotion et de la naïveté, dans la façon aussi dont, en elle, le sentiment à la fois fait irruption et se dissimule : quand sa passion l'entraîne en dépit de sa résolution ; qu'elle se justifie de céder en se promettant pour la suite la plus extrême sévérité – en même temps qu'elle s'étonne elle-même de cet entraînement. Dans ce monde de salon, où l'on est toujours en représentation, l'une comme l'autre craignent par-dessus tout de se donner en spectacle : elles vivent toutes deux dans la même peur du dehors de l'*autrui*. Il n'est ainsi pas de plus belle scène lafayettiste, chez Stendhal, qu'entre les deux femmes devenues rivales et Lucien : Mme de Chasteller se tient raide pour cacher le mouvement libidinal qui a failli l'emporter ; Lucien, ignorant son bonheur, essaye timidement de s'en approcher pour se faire pardonner l'audace de la veille ; Mme d'Hocquincourt les épie tous deux et suit, dans leurs moindres gestes, ce qu'elle voit alternativement comme leur rupture ou sa défaite. Mais Stendhal ne s'en tient pas là.

Il ne s'en tient pas à ce jeu des figures stratégiques, fait de bonne psychologie classique, voilant et dévoilant tour à tour, dans ce manège, l'évolution des sentiments intérieurs. Même quand ils se surveillent l'un l'autre et s'épient, chacun restant sur ses gardes, ces deux êtres demeurent constamment au bord de l'épanchement ; ils n'ont d'autre attente que de faire cesser cette guerre de tranchées où chacun s'est refermé dans sa perspective et son intérêt. Non que la morale de Mme de Chasteller, le sentiment de ce qu'elle « se doit à elle-même », soit moins stricte que celle, même teintée de jansénisme, de Mme de Clèves ; non que l'héroïne stendhalienne craigne moins qu'elle Dieu et l'Enfer ; ni non plus que Lucien soit moins entreprenant que M. de Nemours – ou bien il s'agit là d'une variable qui importe peu. Mais le fait est que, même au milieu de ce salon où tout leur est hostile, les deux êtres continuent de porter en eux – entre eux – les moments d'intimité connus au Chasseur vert, ou plutôt ce sont ceux-ci qui les portent encore. On peut feindre toute la froideur qu'on veut, ils sont, de fait, ineffaçables.

Pourquoi un tel retour en arrière, entre eux deux, est-il donc impossible ? Parce que ces moments d'intimité ont existé comme rien ne peut exister davantage et que, à leur égard, le déni est impraticable. On peut fort bien oublier ces mots d'amour qu'on dit impérissables, et même ils peuvent aisément se retourner en leur contraire, mais on ne peut faire que ce qui s'est découvert d'intimité, même si l'accès depuis a pu s'en refermer, n'ait pas été *frayé*, ni n'aspire désormais à se rouvrir. Parce que cela n'est pas que de l'ordre de la parole ou de la pulsion, ne relève ni de la passion ni de la séduction – mais voilà que chacun d'eux n'a plus d'espace intérieur qui lui soit propre et qu'il puisse tenir séparé de l'Autre. L'*entre* ouvert par l'intime se replie momentanément, mais il ne demande sourdement qu'à reparaître. Dans la scène chez sa rivale, non seulement Mme de Chasteller, se figeant dans sa posture, face à Lucien, pour ne pas se trahir, « ne peut s'empêcher de lui sourire avec une extrême tendresse » ; mais encore, quand Lucien va s'éloigner, lui qui menace tant sa tranquillité, Mme de Chasteller veut le garder auprès d'elle : qu'il reste simplement près de la table, à son côté, sans qu'ils aient plus à se parler, à bouger. Cet « auprès » est plus important que tout, tant elle a encore besoin de lui pour se protéger de lui. En même temps qu'elle se bloque dans son sauve-qui-peut et doit se prémunir, elle n'est plus en mesure de rétablir la frontière, de revenir au quant-à-soi.

Si finalement, au stade de l'intime, il n'y a plus rien à raconter ; si, dans cet « entre » qui s'est ouvert, il ne se passe plus rien d'essentiel à rapporter, puisque ce sont ces « riens » de l'intime qui seuls comptent désormais ; si l'intime, par conséquent, on ne peut que l'« entre-tenir » et que s'y modifie seulement, d'un jour à l'autre, ce que Stendhal appelle si bien, dans *De l'amour*, la « nuance d'exister », le romancier ne peut plus alors, devant ce à quoi il a été conduit, que se retirer sur la pointe des pieds (voyez aussi, chez Balzac, entre d'Arthez et la princesse de Cadignan, à la fin de la nouvelle du même nom). Ou bien il doit, sinon, mettre fin arbitrairement à l'épisode (la fin rocambolesque de Lucien à Nancy). Ce pourquoi il n'y a toujours que des romans d'« amour » et non d'intime. Précédemment, en revanche, l'entraînement dans l'intime n'a cessé d'être travaillé par le doute et le soupçon ; d'osciller entre l'« alarme » et l'« abandon ». Non qu'il faille, comme pour la passion amoureuse, inquiéter la satisfaction qui, sinon, deviendrait aussitôt déception, restaurer de la privation pour recréer de la tension et sauver les amants repus de la lassitude. Car l'intime, lui, ne (se) lasse pas. Mais il s'inquiète. Non de savoir égoïstement si l'on vous « aime », mais si l'Autre mérite qu'on défasse à ce point ses frontières et s'abandonne ainsi. Devant la peur de perdre le confort de son moi, on se reprend soudain et s'interroge si ce sans-fond qui s'ouvre n'est pas un précipice.

C'est ce soupçon récurrent quant au risque d'avoir trop défait de « soi », c'est-à-dire d'avoir trop laissé ce dehors de l'Autre désécuriser la propriété d'un « soi », qui est ici le seul ressort possible de la narration – avant que la stabilisation de l'intime trouvant son assiette n'appelle plus, dès lors, que son « entre-tien », silencieux ou babillant, et mette un terme au récit. Car, une fois encore, il ne faut pas confondre ce moteur de l'intimité naissante avec celui de la passion amoureuse où le triomphe se fait sur l'égoïsme de l'orgueil et la peur stratégique de perdre des atouts (ainsi de Mathilde de La Mole et de Mme Grandet, si lentes à sacrifier leur vanité). Ce à quoi en revient Mme de Chasteller, de façon récurrente, est si Lucien ne serait pas, après tout, qu'un « fat », comme le lui dit malignement la rumeur, et s'il est effectivement capable d'accéder à ce plus intérieur qu'elle lui découvre. Mais que soupçonner, en retour, à l'égard de cette immaculée Bathilde ? Aussi Stendhal invente-t-il ce mauvais rouage pour roman graveleux : n'aurait-elle pas *déjà*, selon ce dire entendu le premier jour (et de la bouche d'un maître de poste goguenard !), connu une liaison avec un lieutenant-colonel, noble de surcroît, du régiment précédent ? Stendhal avait-il vraiment besoin d'en venir là : Bathilde en femme facile et Lucien en piètre remplaçant ? Car Lucien avait mille occasions, depuis, de dissiper ce doute. Mais s'il y revient, s'y replie, en a besoin, c'est qu'il est pris de peur et veut se venger (se rassurer) de ce que l'exigence d'un dedans partagé, sans gage donné en retour, déstabilise de son moi engoncé dans son personnage, dans son rôle conquérant d'amant, et l'oblige à sacrifier de ses visées captatrices.

5. Que le basculement dans l'intime soit, de fait, le moment décisif autour de quoi tout tourne ; qu'il y ait donc un « avant » et un « après » l'intimité et que ce soit ce passage qui, dans l'histoire de la relation se nouant entre deux êtres, fasse événement, le seul, c'est ce que Stendhal (dans *De l'amour*) porte aussi à la réflexion. Mais quel est, à proprement parler, cet événement de l'entrée dans l'intime ? Est-il sexuel ou moral, affectif ou métaphysique ? Il n'y a pas, étrangement, à trancher (Stendhal n'a garde de préciser), parce que le plus important dans l'intime, ou disons ce que l'intime rend le plus important, est, rompant tous ces plans, le passage du dehors indifférent au dedans qui s'entre-ouvre et se donne au partage. Or, ce « dedans » (de la « pénétration ») ne se laisse cantonner d'aucun côté. Mais il y

a bien un «avant» et un «après», l'intimité fait seuil:
«l'intimité n'est pas tant le bonheur parfait que le dernier pas pour y arriver» (*De l'amour*, chap. XXXII,
«De l'intimité»). S'il n'y a pas d'intervalle, en effet,
entre l'instant où naît un sentiment de préférence et ce
que Stendhal appelle, d'une image de son cru et qu'il
impose, la «première cristallisation» (quand l'esprit en
vient à tirer, de tout ce qui se présente, la découverte
de nouvelles perfections dans l'être auquel il s'attache),
«après l'intimité», en revanche, voilà qu'on se retrouve
face à soi-même, ce «soi» qui n'est plus sûr de soi:
obligé qu'on est alors de justifier une «démarche aussi
extraordinaire» que celle dans laquelle on vient de se
risquer, aussi «décisive» qu'elle est contraire à toutes
les habitudes de «retenue» («pudeur») auxquelles on
est lié et qui maintiennent d'ordinaire chacun à l'abri
dans son quant-à-soi.

De là naît, après l'événement d'entrée dans l'intime,
un second temps de cristallisation parant l'Autre à son
gré et de «beaucoup la plus forte». Car alors il n'y a pas
seulement monopolisation du sentiment mais également
conversion à ce que Stendhal appelle, de ce concept le
plus global, la «rêverie»: préoccupation continue de
l'Autre, dont un sujet désormais est hanté, qu'il couve
en lui-même et dont chaque instant de sa vie est habité,
dans lequel il est toujours prêt à retourner, où son moi
se défait – qui le berce dans cet état de suspension de
soi laissant émerger un plus intérieur à soi. «Rêverie»
en dit bien sûr l'infinie douceur (c'est-à-dire «douceur» en faisant éprouver l'infini), le déploiement sans
contrainte et sans volonté, le «laisser aller» des «sen-
sations tendres», au gré, dans la durée, l'«autre» étant

désormais si bien mêlé à son propre espace intérieur qu'il n'offre plus de résistance ou seulement d'arête au travail de l'imagination vagabonde. Mais rêverie dit aussi l'indétermination et la non-fixation, l'oscillement et, par suite aussi, le renversement qui menace et dont l'éventualité, à ce moment d'éclosion, n'a pas disparu. Car « le moment de l'intimité est comme ces belles journées du mois de mai, une époque délicate pour les plus belles fleurs, un moment qui peut être fatal et flétrir en un instant les plus belles espérances... »

Dans le chapitre « De l'intimité » (dans *De l'amour*), Stendhal traite cependant peu de l'intime – il faudra bien se demander pourquoi : pourquoi, même chez celui qui pointe le doigt le plus précisément dessus, il y a encore comme un évitement, ou serait-ce seulement un déviement, qui fait qu'on ne l'atteint pas – qu'il demeure au-delà, ou plutôt dans l'en deçà de la réflexion. Stendhal y traite principalement du « naturel ». Or le naturel n'est que le préalable ou la porte d'accès à l'intime. En tout cas est-il la bonne tactique – tactique sans tactique, défaisant toute tactique – qui y conduit. Ou y conduit sans conduire, corrigeons encore, puisque l'intime est sans finalité ou, plutôt, ne peut advenir que par abandon de toute finalité. Non pas qu'il faille se dépasser (ce qui renforcerait encore le prestige d'un « soi »), mais parce qu'il faut se débarrasser, au contraire, de ce que ce « soi » entrave : « Sans s'en douter, un homme vraiment touché dit des choses charmantes, il parle une langue qu'il ne sait pas. » Parler cette langue qu'on ne sait pas, c'est parler une langue qu'on n'a pas apprise parce qu'on ne peut pas l'apprendre, et donc qu'on ne sait pas qu'on sait : une langue qu'on ne sait, précisément, que quand on a désappris la langue apprise et qui vient d'un plus intérieur de soi (que soi), qui n'a pas encore été corsetée par du « soi » et de la convention.

Car c'est bien là ce que révèle la singularité de l'intime : « soi » n'est pas opposé à la convention, comme l'a dramatisé un romantisme facile, mais déjà aliéné en elle. « Soi » est toujours déjà imbibé du monde, en compromis avec autrui ; et c'est donc seulement en rompant avec cet autrui (anonyme) par accès à de l'Autre (singulier) qu'on peut laisser venir, de ce plus dedans de soi que son Dehors ainsi fait émerger, la langue de l'intimité. On ne peut donc parler la langue de l'intime que si l'on sait « détendre l'âme » de « l'empesé du monde », dit Stendhal, et la laisser frayer de façon nouvelle. L'exigence pour cela, ou disons la mesure de vigilance, est de ne céder aucune place au différé, celui-ci ne produisant pas seulement – désagréablement – du récité, mais surtout rétablissant aussitôt calcul et visée : « ... mieux vaut se taire que de dire hors de temps des choses trop tendres » *(ibid.)*. Car le moindre délai crée du dédoublement de soi, au lieu de laisser venir du plus profond que soi, et par suite de l'affectation. Or, comme de juste, l'affectation est le contraire du naturel et conduit à la « sécheresse » qui, à son tour, est l'antinomique de l'intime et de son épanchement aboutissant à l'indivis du partage : « S'il y a le naturel parfait, le bonheur de deux individus arrive à être confondu. »

Stendhal marque donc sa place, à la suite de Rousseau, à cette possibilité d'un « intime » contraire de l'« intrigue », mais où le récit va s'épuisant et qui n'a toujours pas trouvé son concept : « ... mais quand l'amour perd de sa vivacité, c'est-à-dire de ses craintes, il acquiert le charme d'un entier abandon, d'une confiance sans bornes ; une douce habitude vient émousser toutes les peines de la vie, et donner aux jouissances un autre genre d'intérêt. » Mais, comme il maintient cette possibilité à l'ombre de l'autre : « l'Amour », il s'ensuit qu'il ne peut dégager que par échappée les contours de cette ressource plus secrète, elle qui va se séparant du pathos du sentiment, de ses lamentations et de ses hérissements. Elle est faite d'une tentation d'absolu, en tout cas, puisque l'abandon y est « entier », ou tend indéfiniment à l'être, mais elle se glisse encore sous ce que, faute de mieux, on continue, hélas, comme Stendhal, d'appeler tristement « habitude » : ne sachant comment nommer positivement un tel écoulement discret du quotidien, lui qui par son *legato* se démarque des accidents faisant surgir du saillant (du « piqué ») dont on cause.

6. On ne s'étonnera donc pas, en relisant *Lucien Leuwen*, d'y retrouver développés, à défaut d'une philosophie de l'intime, tous les traits de l'analytique rousseauiste. Et, d'abord, de la façon la plus criante, au point, là aussi, d'en être comique, le conflit de l'intime et de l'intrus (le visage de vipère de Mlle Bérard dont Bathilde convoque elle-même la médisance pour bannir toute intimité de son salon). Comme aussi l'effet d'ambiance de l'intime (et d'abord auprès de la jeune Théodelinde, bienveillante dans sa rivalité secrète et même pudiquement complice) : car l'intime, en même temps qu'il est monopolisant, est prégnant ; il baigne généreusement ce qui l'entoure. Ou encore retrouve-t-on l'exigence de « simplicité », parce qu'elle est la condition du «naturel» et qu'elle s'oppose à la «fatuité» dont l'emphase se croit conquérante, mais produit en réalité les pires dégâts et le pire dégoût; alors que c'est son contraire, la «timidité», qui, renonçant, fait avancer.

À noter, une fois encore, qu'une telle *simplicité d'être* se distingue, par ce qu'on voudrait appeler sa pudeur, du grand mot d'ordre imposé (empesé) de la *transparence*. Même au plus intime de leur relation, quand ils restent désormais blottis, tapis, coupés du monde et ne voulant plus que rien d'autre puisse leur arriver, c'est-à-dire avant que Stendhal, ne pouvant plus y trouver de quoi fournir au récit, d'une mauvaise pirouette abandonne celui-ci (que Lucien quitte Nancy), Mme de Chasteller se défend de confier à Lucien les colères qu'elle endure journellement de son père, et ce à cause de lui; ni Lucien peut-il lui avouer le soupçon qu'il garde toujours sur le bout de la langue. Car l'intime préserve un retrait, se défie d'une lumière trop crue qui voudrait tout également éclairer sous son impératif; et même de la confidence obligée qui ne laisserait plus émerger d'inclination, brimant, parce que le forçant, le penchant à l'épanchement. À cette confidence qui s'étale on préfère la connivence qui se tait. À la fois on n'embarrasse pas l'autre de son «moi» et, d'autre part, éviter de dire, garder de la réserve, contribue fortement à l'intime.

L'intime, en effet, à l'inverse de la déclaration amoureuse qui, comme on sait, est prolixe, préfère la «retenue». Il préfère à la parole qui glose le silence qui parle. Au Chasseur vert: «"N'ajoutez pas une syllabe, dit-elle avec une résolution sévère, ou vous allez me déplaire, et promenons." Lucien obéit, mais il la regardait, et elle voyait toute la peine qu'il avait à lui obéir et garder le silence. Peu à peu elle s'appuya sur son bras avec intimité…» Car l'intime utilise activement le silence, il fait parler les gestes, les regards, un sourire, un ton de voix. Les gestes, plus que les mots, sont vecteurs et relais d'intime : les gestes, autrement dit, réalisent l'intime et le rendent effectif, vis-à-vis de quoi la parole est bavarde et bornée. Celle-ci arrête, du fait même qu'elle énonce, crée du blocage et de la résistance, au lieu de laisser passer. Au point que se dispenser d'être parfaitement « au clair», de s'expliquer (la fameuse «explication» d'après la dispute amoureuse), catalyse l'intime et le densifie du fait même qu'on reste en deçà de la codification des mots. Ce non-dit rend complice. En quoi se vérifie, s'il le fallait encore, que l'intime n'est pas une chose grecque et même qu'il est le plus grand défi porté à l'empire du *logos* : parce qu'il ne se laisse pas aller à la facilité de dire et même de «tout dire», de déterminer et de croire maîtriser, mais infiltre, noue tacitement de l'assentiment, le répand et le fait cheminer.

De là cette autre conversation qui, traversant la parole ordinaire, est à la fois la plus intérieure et faisant signe vers un Dehors de ce monde, ce qui, sait-on, est le propre de l'intime. Elle provient d'infiniment plus loin en même temps qu'elle parvient tellement plus près. Toujours à propos de Mme de Chasteller (et en citant cette fois plus amplement le passage): « Mais je vois briller au fond de ses yeux, malgré toute la prudence qu'elle se commande, quelque chose de mystérieux, de sombre, d'animé, comme s'ils suivaient une conversation bien autrement intime et relevée que celle qu'écoutent nos oreilles.» Entendue plus au-dedans, plus en creux, en même temps qu'au-delà des paroles échangées, c'est là la romance sans parole, sans ébruitement, de l'intime : sous la surface de la parole prononcée chemine en dissidence un échange implicite. Comme telle, la parole intime aime à se dédoubler : non pas selon le jeu traditionnel du concret et du figuré, du propre et du symbolique, ni non plus selon le conflit de l'apparence (de la dissimulation) et de la vérité, mais par la tension qu'elle introduit entre le patent, obvie, ouvert à tous, que tout le monde peut entendre, et, d'autre part, le latent, sélectif et même exclusif dans son adresse, et que seul un destinataire sait écouter.

Parce que ce repli dans l'intime est en même temps une évasion hors de la conversation commune, de l'échange ennuyeux des salons ou même seulement du bavardage de la banalité, « ses yeux [de Bathilde] semblaient voilés de tristesse » : ils font signe nostalgiquement vers quelque lieu idéal, véritable Dehors coupé de celui-ci et non compromis par lui. Aussi Stendhal n'hésite-t-il pas à parler d'« extase » à propos de la rencontre nouant l'intime (de Bathilde encore : « elle revint comme d'une extase »). Aussi n'hésite-t-il pas non plus devant ce parler mystique, lui si peu mystique : « Ainsi des anges se parleraient qui, partis du ciel pour quelque mission, se rencontreraient, par hasard, ici-bas. » Mais possédons-nous un autre langage, en Occident, que celui du religieux et de la Révélation pour dire cet inouï ou ce *renversant* surgissant soudain, par un geste ou par un regard, dans l'immédiat de l'ici ? (Et, dans un autre contexte culturel, pouvait-on, sans produire une telle rupture de plans, se représenter l'accès

à l'intime?) Car il faut croire, en définitive, nous dit
Stendhal, à cette possibilité de l'intime qui en vient
à bouleverser les données et les conditions. Mais en
silence, en cheminant, furtivement, plutôt qu'en prodi-
guant les déclarations. Aussi, après y avoir été conduits
par tant de biais, il est temps de nous demander enfin
ouvertement, osant toucher au colosse : l'« amour », ce
grand fourre-tout traversant également tous les âges,
n'en écrase-t-il pas la ressource? Il y a là, en tout cas,
dans l'« Amour », trop de sédimentations confuses, sur
lesquelles on brode et dramatise, pour qu'on puisse
encore s'en contenter.

IX – « Amour » n'est-il pas un mot faux ?

1. C'est un trait marquant de l'idéologie française contemporaine, marquant mais par son insignifiance, que le retour – osera-t-on dire le repli ? – sur le vieux thème de l'amour, le « plus vieux du monde » lui aussi, rassurant comme il apparaît. Mais y a-t-il vraiment là, demanderai-je, de quoi tant se rassurer ? Ou bien que chercherait-on, avec lui, à compenser ? Chacun, en tout cas, y est allé, ces derniers temps, de son manifeste ou de son pamphlet (*De l'amour, Éloge de l'amour, Et si l'amour durait longtemps*, etc.). Dans ce monde historique en rétractation qu'est l'Europe, où vont se rétrécissant les possibles, mais qu'on veut croire seulement en crise (la « crise », comme on sait, c'est encore de la vitalité et, puisqu'on y est « entré », on devrait bien un jour en « sortir »…) ; c'est-à-dire dans un environnement de plus en plus habité par le démon du déni (devant les transformations silencieuses qui, sourdement, transportent ailleurs le potentiel de l'Histoire), l'« amour » serait l'ultime ralliement des espoirs et des volontés, la seule façon qui nous reste, en somme, d'affirmer notre initiative de sujets. Quand l'engagement politique est en panne ou que son jusqu'au-boutisme n'est plus tenable, qu'il se met en vacances ou, plus grave encore, qu'on ne sait plus pour quoi plaider, qui n'est content, après tout, de voir redémarrer ce vieux rouage ? L'« amour » est le thème de rechange et de recharge. Thème de secours et de recours – thème si commode : puisque ce n'est plus là, en effet, qu'un thème à développements attendus, un *topos*. Avec lui, en tout cas, on est sûr de refaire son plein de voix et de lecteurs.

Sur le marché des idées, on fera toujours avec lui recette. Finies les incertitudes et les désespérances. En retouchant à ce vieux socle d'humanité, de nouveau on « positive », à tout coup, à tout-va, on est donc sûr du consensus. Face à cet autre filon du marketing idéologique contemporain qu'est l'« indignation », filon devenu ornière lui aussi, tant il est exploité sans pudeur ni discernement, on trouve, dans l'« Amour », le pendant riant et sa contrepartie salvatrice. Quoi de plus « commode », en effet, je reviens à ce terme, que de remettre ainsi en route, à si peu de frais, la machine à superlatifs, que de faire rejouer, en sous-main, les vieux dispositifs – vieux ressorts – de l'éthique et du pathétique : que de redonner à l'homme, encore et toujours, son unité perdue, de réconcilier, dans l'Amour, le charnel et l'idéel et d'indiquer une voie de côté – voie de sortie correcte – à la morale ? En même temps qu'on remet en marche la pompe à désir, on fait entendre, en fond sonore ou voix de fond, la vibration de l'absolu. Voilà donc qu'on peut remettre en scène la vieille métaphysique platonicienne, et ce sans danger, et même cela paraît toujours neuf. La radicalité y est peu coûteuse et tout cela, pour une fois, ne saurait susciter d'hostilités. Tout cela est irréprochable. Avec l'« Amour », l'huma-

nisme, qu'il se proclame «post»-, «second» ou même
«anti»-, est rassuré.

Or voilà que je me demande : l'«amour» peut-il être
cette notion tant soit peu unitaire sur quoi l'on s'en-
tendrait ? – sur quoi l'unanimisme (de l'humanisme)
pourrait enfin camper sans plus être naïf et d'autant
plus sectaire à son insu ? Car il ne suffit pas de vouloir
accorder une fois de plus, à son sujet ou par son biais,
les deux côtés de ces grands clivages par lesquels nous
entrons communément dans l'humain, en Europe : d'y
réconcilier, comme on le voit faire tour à tour, la pulsion et l'affection (*alias* le désir et le sentir) ; ou l'action
et la passion (l'audace de l'entreprise amoureuse ou la
souffrance qu'on en subit) ; ou l'événement et la durée :
la secousse de l'un (le «coup de foudre») et l'étalement dans l'autre (la «vie conjugale»). Ou disons
encore : le surgissement dans l'instant (le soudain de
la découverte) et son approfondissement, ou son apla-
tissement, affadissement, dans le temps – entre l'émoi
et son usure. Chacun en produit sa variante : il y a, dit-
on, l'«amour sororal» et l'«amour événement». Or, à
faire jouer et rejouer, à propos de l'«amour», tous ces
dualismes comme s'ils s'y résolvaient ou, du moins,
y trouvaient leur conciliation, et ce d'abord entre le
«sensuel» et le «tendre», ou le «sexuel» et le «spirituel», on finit par faire accroire ces entités qu'ils
opposent pour mieux les marier ensuite. C'est-à-dire
qu'on ne cesse de remettre de l'entente, à son propos
et grâce à lui, dans ces vieux couples notionnels qu'on
voit se disputer tous les jours, mais sans songer combien leurs figures contraires ont été découpées, l'une
et l'autre, dans la même étoffe ; et sont donc d'emblée

solidaires : ainsi en va-t-il entre le libidinal et l'idéal ; ou bien entre le « physique » (les fameux « désirs physiques ») et le « métaphysique », l'Amour nous guidant, comme on sait, vers l'absolu.

2. Or je me demande : quoi de commun, effectivement, en tout cela, dès lors qu'on ne se laisse plus prendre au piège de ce qu'ont plié en vis-à-vis ces couplages ? – dès lors qu'on sort de cette grande facilité d'appariement à partir de laquelle nous avons conçu si « logiquement » – confortablement – les choses ? Qu'en reste-t-il, en vérité ? D'un côté, il y a Sapphô ; le désir *(pothos)* est l'effet d'un choc et d'une commotion ; il réclame son assouvissement, le phénomène est physiologique : « Un spasme étreint mon cœur dans ma poitrine. Car, si je te regarde, même un instant, je ne puis plus parler. Mais ma langue est brisée, un feu subtil soudain a couru en frisson sous ma peau... » Cette description a fait souche, comme on sait, dans la culture européenne, et ce jusqu'au sein de l'impudique pudicité classique (Néron dans Racine). Or, elle n'est pas tant nue, ou brutale, qu'elle ne ramène d'abord tout, quant à l'« amour », vers l'exigence d'un sujet qui consomme, en jouit et s'y consume. De l'autre côté, dit l'Évangile, « l'amour est magnanime, serviable ; il n'envie pas [...] ; il ne fait rien d'inconvenant, ne cherche pas son intérêt... ». Demandons-nous : de quelle façon les deux se conjoignent-ils ou seulement ont-ils une chance de se rencontrer ? Or, comme de juste, plus l'« amour », par nature, est hétérogène, plus son effet de monopolisation, ensuite, par compensation, est massif. On aura beau dire ensuite que chacun de nous opère librement, d'un bord à l'autre, en promenant le curseur, je ne suis pas certain qu'on soit pour autant plus avancé. Car qu'est-ce qui nous assure qu'il s'agit bien là de bords ou de pôles en corrélation, et non pas de blocs erratiques dérivant chacun à partir de sa propre histoire et qui n'ont, somme toute, guère à voir entre eux ?

Peut-on ignorer, en effet, que, sous ce même mot latin : « aimer », *amare*, le grec a vu ranger ces deux termes qui si longtemps s'ignorent et n'entrent que tardivement – avec le christianisme – en contradiction : *erôs* et *agapê* ? Il y a, « d'un côté », Platon et, « de l'autre », il y a Paul. Mais que vaut elle-même cette mise en relation par bipartition et recomposition des espaces et des rôles ? *D'un côté*, rappelle Socrate en se contentant de laisser jouer la syntaxe grecque, l'« amour » *(erôs)* est dit nécessairement « amour de », il y a donc logiquement un objet donné à l'amour et cet objet est ce qui lui manque : j'« aime » ce que je n'ai pas ; l'amour, né du défaut, est désir de possession, autrement dit captation, il veut se procurer ce dont il est privé, est héritier à la fois de Poros et de Penia (de Ressource et de Pauvreté, dans *Le banquet*). Même si cet objet du manque peut par la suite changer de registre, passer du physique au métaphysique, à la fois par abstraction (de l'esprit) et purification (de l'âme), s'élever par conséquent d'un « beau corps » aux « belles âmes », c'est-à-dire de l'individuel concret, borné comme il est, à la généralité du concept, celle-ci nous libérant du même coup de la focalisation des passions, et ce jusqu'au « Beau en soi », autrement dit à l'absolu divin –, cet « amour » n'en reste pas moins toujours une expérience d'aspiration et de conquête, rivée au manque, née de la privation et visant à la satisfaction.

De l'autre côté – mais n'est-ce pas justement là, déjà, trop accorder à l'attrait du parallélisme et de l'appariement ? – l'« amour » est *agapê* : il est d'abord – thématisé par le christianisme – celui de Dieu envoyant son Fils mourir sur la Croix, tel un esclave, pour racheter les hommes. « Amour » qui ne vient pas, cette fois, du *manque*, mais du *don*, qui veut accorder sans retour et sans compter, par conséquent est sans visée : « amour » qui ne naît pas d'un creux ou d'un défaut, mais de l'épanchement d'une plénitude – il n'a plus rien à voir avec du désir, mais en est-il pour autant l'inverse ? « Amour », nous dit-on, qui ne naît pas d'une aspiration intéressée, mais d'une généreuse gratuité ; qui ne consiste pas à conquérir, à obtenir, mais à sauver.

Paul a l'art de faire jouer ces oppositions, ou disons même que tout le christianisme est né de cette puissance des renversements : cet amour n'est pas aspiration de l'homme (vers Dieu), mais évasement de Dieu (vers l'homme). Car ce n'est plus, comme d'ordinaire, l'homme qui sacrifie aux dieux pour leur service, selon que les dieux l'exigent ; mais c'est Dieu qui se sacrifie aux hommes, d'une façon, par conséquent, qui ne connaît pas plus de limite que de motivation. Quel mal n'a donc pas eu la culture européenne, même après qu'elle a construit en vis-à-vis ces deux possibilités, pour les ranger sous un même terme : « amour » ? Ou bien ne fallait-il pas précisément dresser l'« Amour » en absolu pour contenir, sous lui, de force, tant d'hétérogène ? Moins cela tient ensemble, plus donc il faut de corsetage culturel pour l'imposer; mais plus on *croit* aussi, finalement, à cette unité forcée.

3. Car si, dans le cours ultérieur du christianisme, l'*erôs* et l'*agapê* finissent par se rencontrer et même par s'influencer l'un l'autre, et d'abord chez Augustin; s'ils en viennent même à trouver une articulation entre eux, la révélation de l'amour se faisant dans l'*agapê* divine, mais la pédagogie de cet amour passant par l'*erôs* humain, le problème que pose la spécificité culturelle de l'«amour» n'en devient, pour lors, que plus criant. Cette complémentarité qui s'instaure alors ne laisse que mieux paraître de quels choix singuliers l'un et l'autre de ces côtés sont conduits à procéder pour en venir ainsi à se concilier dans ce lieu commun de l'«Amour», grand mythe de l'Occident s'il en est. Il suffit, pour s'en convaincre, de regarder ailleurs, une fois encore, ou plutôt de reconsidérer de ce dehors notre affaire de famille, c'est-à-dire de sonder de l'extérieur notre impensé. Ayant fait si souvent jouer cette stratégie à partir de la Chine, je ne m'en justifierai plus, mais la laisserai opérer ici, une fois encore, pour défaire l'évidence dans laquelle l'«amour», en Occident, s'est enfermé.

Car, en Chine, constate-t-on, ce qui s'y nomme (ou plutôt que nous traduisons par) «amour» *(ai* 爱*)* n'est pas pensé à partir du manque, mais de l'affect *(qing* 情*)*: n'est pas conçu à partir de la faille du désir, mais à partir de l'incitation réciproque née des relations d'opposés, qui sont aussi complémentaires, formant la polarité (*yin* et *yang*, féminin/masculin, etc.). L'«amour» est donc perçu, dans ce monde procédant de souffles-énergies, *qi* 气, qui se répondent et coopèrent, comme de l'inter-émotion *(xiang-gan* 相感*)*. N'y joue pas, par conséquent, comme chez Platon, la grande articulation de l'«Être» et de l'apparaître, allant du concret à l'abstrait (au purifié) et conduisant à la monopolisation idéelle et «théologique» par élévation «érotique» à l'absolu; ni non plus la structuration du monde par aspiration, «érotique» encore, ontologique aussi, d'un stade à l'autre, telle que, chez Aristote, de la «matière» à la «forme», comme de la «femelle» au «mâle», ou des êtres mus au Moteur premier les «mouvant» «en tant qu'il est désiré», *kinei ôs erômenon*. En Chine, en effet, la fonction du désir *(yu* 欲*)* est reconnue, mais elle est liminaire (cf. Mencius, VII, B, 25), dépassée qu'elle est par les stades ultérieurs de la «plénitude» et du «rayonnement» et débouchant sur l'insondable de la «transformation» *(hua er bu ke zhi* 化而不可知*)*. À la culmination dans et par «Amour», *Erôs*, faisant tenir architectoniquement le monde en un «tout», *cosmos*, parce qu'il en est le principe, en tout cas le départ (déjà chez Hésiode), s'oppose ainsi, dans la pensée chinoise, ce cours ininterrompu du grand Procès des choses se renouvelant par tension régulée – «harmonique» – entre des facteurs contraires en corrélation et que les Chinois ont nommé le «Ciel».

Il y a là déjà de quoi, je crois, troubler notre anthropologie européenne fondée sur le *trou du désir* qu'il faut ou non boucher (le tonneau percé du *Gorgias*): le «vide», en Chine, n'ouvre pas sur un vertige métaphysique, celui du «non-être», mais est «fonctionnellement» *(yong* 用*)* ce par quoi le «plein» n'est pas saturé, peut se répandre et communiquer, et remplir ainsi son plein effet. C'est pourquoi aussi la Chine n'a pas conçu, si je m'en retourne de l'«autre côté» (européen), un Dieu d'amour venant sauver l'homme de la déréliction, s'offrant à lui et se sacrifiant sans compter, à qui aussi on puisse s'adresser comme à un «Toi». Nulle imagination donc de l'*agapê*. On comprend par conséquent que le christianisme et sa Révélation aient rencontré tant de difficulté à pénétrer en Chine, à la différence du bouddhisme venu d'Inde, ce sacrifice divin et son absolue gratuité n'étant pas tant «scandaleux» ou renversants, comme aux yeux du rationalisme grec, que demeurant étrangers, ou disons plutôt indifférents, au regard de la cohérence immanente de la Régulation.

Songe-t-on même que ce *ai* 爱, qui sert aujourd'hui à dire l'«aimer» de la langue internationale, désormais accréditée également en Chine, a connu dans la langue chinoise un emploi négatif? «Aimer», c'est s'attacher à, privilégier, se focaliser et donc perdre la globalité de la « voie» en sombrant dans la partialité; c'est introduire une fixation (crispation) dans le cours continu et constamment harmonieux des choses. «Ce par quoi le *tao* est endommagé est ce par quoi l'amour advient», lit-on dans le *Zhuangzi* (chap. II). En Chine, il y a des poèmes que nous disons d'«amour», et même en masse, dès la plus haute époque, d'origine populaire avant que d'être repris par les Lettrés, où l'on dit son inclination et son attachement *(lian* 恋*)* et, bien souvent, le tourment de l'absence, songeant à l'autre qui est au loin. Mais sans que s'y investisse une quête de Sens ni que s'y révèle quelque absolu divin. Au point que les Chinois en ont découvert le thème dans le romantisme européen, quand les deux mondes historiques se rencontrent, à la fin du XIXe siècle. C'est donc par mondialisation théorique, importée d'Occident, que l'«amour», *ai* 爱 ou *love*, s'est finalement banalisé, planétarisé, pour dire d'un mot totémique ce qui serait l'absolu humain.

4. Je souhaiterais que nous ne nous trompions donc plus sur l'«amour»; que nous mettions un terme au quiproquo. Car pour résoudre ou plutôt dissoudre celui-ci, à la fois le résorber et le dissimuler, l'Occident n'a trouvé d'autre issue que de dresser l'Amour en absolu et d'en faire un mythe : non plus seulement platonicien mais, plus généralement, le mythe de l'humain dans son destin. Or l'intérêt de l'*intime* est précisément qu'il ouvre, discrètement et sans crier gare, une déviation par rapport à ce mythe ainsi qu'à ce dont celui-ci est à la fois le produit et le symptôme. Il défait, non pas dénoue mais déjoue, le nœud gordien né de cet emmêlement. Car il rencontre – traverse – l'une et l'autre de ces logiques, de l'*erôs* et de l'*agapê*, et même en récupère divers aspects, mais pour ouvrir une perspective qui lui est propre ; et qui, cette fois, de bout en bout, est, je crois, cohérente et peut se constituer en éthique homogène.

Qu'on continue de suivre, en effet, l'un après l'autre, ces fils emmêlés de l'«amour», on constatera, d'une part, que l'intime ne méconnaît pas le désir érotique, mais le réoriente et le convertit. L'écart, à cet égard, au moins est double. D'abord, l'intime peut s'ancrer dans le sexuel, comme aussi s'en passer (dans la chambre, auprès du malade ; et, même le soupçonnerait-on de ne jamais pouvoir complètement s'en passer, cela n'y

changerait rien) : Rousseau (des *Confessions*) est longtemps intime avec Mme de Warens, tournant plus ou
moins naïvement autour de la chose, avant de passer
dans son lit. Ensuite, au sein de la relation de désir
apparue, ce n'est pas tant (ou pas seulement) la jouissance qu'on peut en rapporter qui compte, au regard
de l'intime, que le lien qu'elle instaure en découvrant
sa ressource. Comme dans *Le train* de Simenon, l'acte
de pénétration est moins un assouvissement de la pulsion qu'une façon de s'impliquer dans la vie de l'Autre
(ou disons tout autant ?) : d'y associer ineffaçablement
la sienne et de communiquer d'un plus dedans faisant
lever un front commun face au Dehors et sa menace. Il
est l'acte le plus symbolique en même temps que le plus
physique, ou le plus idéel en même temps que le plus
réel, celui signifiant et réalisant à la fois le franchissement de la frontière et son abolition.

   « Moins que », dis-je, ou « tout autant que », ou ne
serait-ce même déjà qu'un peu ? Le rapport de proportion, à vrai dire, n'importe guère et l'intime ne se
choque pas de cette ambiguïté. L'important est que
finalement l'« acte » en question (de « pénétration »), au
lieu d'abandonner chacun à son dehors, promeuve un
dedans partagé. Si manque il y a à l'œuvre, il a donc
changé de nature ou du moins s'est infléchi et, de ce fait,
s'est converti, faisant passer subrepticement du « je »
au « nous » qui s'y décèle : il ne tient plus seulement
à la satisfaction libidinale, mais se découvre, chemin
faisant, une portée qui dès lors est morale. C'est aussi
pourquoi, en retour, l'intime ne conduit pas au dépassement que la dialectique platonicienne, comme on sait,
exige. L'intime n'a pas besoin de ce renoncement et de

cet ascétisme. Il ne conduit pas à opposer le physique (des « corps ») au métaphysique (des « âmes »); donc à devoir quitter le sensuel (sexuel) pour tendre au spirituel. Il ne contraint pas à l'ascétisme, en effet, puisqu'il n'entérine pas de dualisme. Aussi peut-il en revenir au désir de la libido comme à sa source, quand et comme il l'entend, et s'y entretenir, au lieu d'avoir à s'en écarter, à s'en priver, pour s'élever.

Car l'intime échappe aux impasses du désir « érotique » condamnant celui-ci à l'abandon. D'abord il échappe à ce qu'on sait être la limite intrinsèque de ce dernier : à l'enchaînement du désir qui, repu, devient dégoût, de la satisfaction, autrement dit, qui se renverse en déception. Car l'intime ouvre sur un illimité, celui d'un progrès qui n'a pas de terme dans ce dedans partagé. Il échappe ensuite à l'immoralisme du désir – tout amour, comme on sait, pouvant toujours être soupçonné, si généreux qu'il se montre, d'être une forme plus subtile, dissimulée, de l'égoïsme. Car, dès lors que s'ouvre, dans la relation libidinale, une dimension intime, on ne jouit plus seulement de sa jouissance, mais on jouit aussi, inséparablement, de celle de l'Autre ainsi que de celle de rencontrer l'Autre. Par suite, au lieu de renvoyer dans une solitude accrue, l'après-jouissance (le « repos amoureux ») est le temps où, l'intime se capitalisant, la possession se détend en appartenance réciproque qui n'est plus inquiète, a trouvé son assiette et sa stabilité. Enfin, l'intime échappe à l'ambivalence de l'amour puisque le retournement dans son contraire qui le menace est, non pas celui de la détestation, mais celui du retour de la frontière précédemment levée et d'un retrait de ce Dedans partagé. Du coup, l'intime

s'affranchit de ce qu'on sait depuis toujours être le
principal lieu d'achoppement du Désir : son éphémère,
l'intensité s'y trouvant condamnée dans la durée –
« usure », ou retombée du désir, ou plutôt incompati-
bilité avec son prolongement. L'intime, quant à lui, de
par sa logique et sans effort, n'imagine pas de fin à son
enfoncement dans ce plus dedans éveillé d'un Dehors,
ce fond sans fond d'humanité, fonds intarissable, générant un sentiment d'éternité.

5. C'est bien en quoi l'intime relève historiquement
de l'*agapê* chrétienne – il en relève, mais ne s'y réduit
pas, et même aussi la contredit. Car il procède, comme
agapê, d'une relation qui est fondée, non plus sur le
manque et donc la quête d'« autre chose » et encore
autre chose, objet d'aspiration et de satisfaction,
comme le dit Aristophane dans *Le banquet* ; mais sur
la *relation elle-même*, c'est-à-dire l'*entre* ouvert de personne à personne (de sujet à sujet), et ce qu'elle apporte
en propre : cette « alliance » est appelée à s'approfondir
pour elle-même puisqu'elle n'a d'autre fin qu'elle-même.
L'important en effet, à cet égard, insiste Nygren dans
sa volumineuse étude, est que le Christ n'enseigne pas
tant une nouvelle conception de Dieu qu'une nouvelle
conception de la *communion avec Dieu*. D'une relation
juridique (judaïque) selon laquelle Dieu aime ses créa-
tures et les récompense à proportion de leurs mérites,
le Christ fait passer à l'idée, si neuve, qu'il n'est pas
« venu pour appeler les Justes, mais les pécheurs » ; et
tel est bien effectivement le renversement des valeurs
opéré par le christianisme : la qualité de ceux qui sont
l'objet de l'amour divin n'entre plus en ligne de compte,

c'est donc en vain qu'on chercherait à motiver l'amour
du Christ par la vertu de l'homme auquel il s'adresse.
Or, de ce que ce n'est pas tant la qualité première de
l'objet d'investissement qui compte que ce qu'en fait
la relation, l'intime hérite : ce « qui compte » n'est pas
tant la valeur de l'un ou de l'autre de nous que le fait
que nous décidions d'ouvrir *entre* nous cette ressource
de l'intime, valorisant cet « entre ». De même, l'intime
hérite de ce que cette relation est sans autre finalité
qu'elle-même ; voire, je l'ai dit, c'est d'abandonner
toute visée sur l'Autre ainsi que la relation qu'on noue
avec lui qui fait entrer dans l'intime.

L'intime « hérite » donc de l'*agapê* chrétienne
puisque c'est la relation nouée qui, par son événement,
change tout. Peut tout changer : c'est d'elle que vient le
miracle. Car elle fait quitter tout projet comme toute
justification et fait entrer, de son seul fait, dans l'inouï.
C'est l'« alliance » engagée qui seule, désormais, fait
destin, décollant de tout passé et de toute condition :
ce qu'étaient (ce que valaient) initialement les sujets est
laissé en arrière, voire oublié. Or cela n'est possible que
parce que, dans la relation de soi à l'Autre, le « soi » est
désapproprié de soi-même, ouvert à plus profond que
soi, ce que signifie précisément, dans le christianisme,
le « Christ en moi » (Paul aux Galates : « ce n'est plus
moi qui vis, c'est le Christ qui vit en moi »). Autrement
dit, c'est le partage qui fait être (ainsi en va-t-il de la
Cène, de la communion et des « agapes »), il n'y a plus
d'être originaire s'appartenant à « soi ». C'est-à-dire
qu'il n'y a pas, comme dans l'élévation hellénique par
l'*erôs*, dépassement, élévation et surqualification d'un
« soi » par comblement du manque ; mais c'est le renon-

cement à soi qui découvre, à la rencontre de l'Autre
et de son Dehors, la ressource en soi d'un plus profond que soi, en faisant le sujet véritable et qui devient
nouveau.

Néanmoins l'intime se distingue de l'*agapê* en ce
qu'il ne détache pas l'un de l'autre : il ne sépare pas le
sensuel et le spirituel. Car il n'y a plus besoin, en son
cas, pour se motiver, de ce supplément du refus et de
l'ascétisme. Tandis que Paul insiste sur l'opposition de
la « chair » et de l'« esprit » et les conçoit rivaux l'un
de l'autre, en quoi il pouvait effectivement s'entendre
sur ce point avec le platonisme, l'intime s'entretient,
se ravive, dans le sexuel et n'a pas de raison, je l'ai dit,
d'y renoncer. Car il ne dissocie pas, pour le dire bruta-
lement, communion et copulation, partage et pénétration, ou le désir du « corps » et l'aspiration de l'« âme »
(ainsi Stendhal commentant en marge le sursaut de
Mme de Chasteller se demandant d'où lui vient sa
pensée impudique : « de la matrice, ma petite »…).
Car l'intime s'active et s'intensifie, au contraire, de son
oscillation entre les deux ; par là même, il fait paraître
l'arbitraire de ces grands découpages. De là vient son
essentielle ambiguïté, celle que constatait Rousseau et
qui le rend si difficile à décrire et même à saisir notion-
nellement, c'est-à-dire selon nos notions établies, cette
ambiguïté en faisant du même coup la force vive de
tout antidualisme. Ce qui le caractérise le plus foncniè-
rement, en quoi aussi sa conscience est proprement
moderne, c'est-à-dire en quoi son expérience offre un
appui si fort pour déconstruire les catégories tradition-
nelles de la philosophie, est que, ne séparant plus le
« physique » et le « métaphysique », il rend douteuse

jusqu'à leur démarcation. Non qu'il relie seulement l'un à l'autre, comme le fait le Beau platonicien, seul d'entre les idées, mais il n'envisage plus de frontière possible entre les deux, et même fait éprouver si radicalement leur inséparabilité de principe.

6. La force de la pensée tient, je crois, dans sa capacité à remonter dans ses partis pris : à faire reparaître ce qu'a de culturel, donc de choisi, même si ces choix sont enfouis, ce qu'elle prend naïvement comme allant de soi. Or l'« amour » est gros de tels partis pris ensevelis au point qu'on voudrait en faire une notion souche de toute humanité. En outre, cet oubli généalogique laissant croire à une fausse évidence entretient une confusion dont profite – que compense – l'enflure mythologique en quittant l'analyse. Car tel est le cas de l'« amour » : comme il recouvre aussi bien l'*agapê* chrétienne que l'*erôs* grec, l'égoïsme de la prise que la dépossession de soi dans le sacrifice, l'« Amour » prospère sur cette confusion. Subrepticement, il s'en prévaut. « Je t'aime » : formule ô combien fatidique, formule de tous les tremblements comme de tous les quiproquos. Elle signifie aussi bien que je tends à toi, porté par le manque, ou que je me donne, m'épanche et me répands en toi sans visée. « Toi » y est aussi bien l'objet d'un investissement libidinal, simple instrument et support de ma satisfaction, que l'Autre qui me révèle à moi-même en Sujet infini. L'« amour » a tiré parti à la fois de cette violence possessive, captatrice, et de cette sacralisation du désintéressement et de la gratuité ; il a établi son règne sur cette équivoque.

Or distinguons entre l'*équivoque* et l'*ambiguïté*. Au lieu de les tenir assimilés et quasiment synonymes, comme il est ordinaire, je voudrais au contraire passer le fil du couteau entre les deux et faire ici de leur opposition un point d'appui. L'amour est équivoque, l'intime est ambigu. L'*ambiguïté* renonce à ce qu'on ait à trancher, parce qu'elle refuse le dualisme et se maintient dans la transition, fait remonter au point d'inséparation de ce qu'on a trop grossièrement opposé. Car seule cette indémarcation, à ses yeux, est réelle. L'intime ainsi est ambigu parce qu'il n'a pas à reconnaître, et même n'imagine pas, les dichotomies classiques qui sont celles de l'«âme» et du «corps», ou du «sensuel» et du «spirituel», du «physique» et du «métaphysique». Sa ressource est d'osciller indéfiniment entre les deux et son intelligence, par conséquent, de défaire leur opposition. Dans le dedans qu'il ouvre, la possession se découvre en même temps partage ; ou le soi fait tomber la frontière de l'Autre, mais pour se désapproprier de soi-même.

Or l'*équivoque*, à l'inverse, tire parti d'une confusion entre les plans distingués ; elle fait entendre l'un dans l'autre et joue sur les deux tableaux. Double jeu de l'«amour» : c'est à lui que l'«amour» a dû de pouvoir établir sa mythologie en Occident et de devenir le thème banal et bavard – le «thème» bruyant – que l'on sait. Car l'équivoque ne doit-elle pas s'entretenir indéfiniment dans la parole, donner «également» de la «voix», *vox*, dans les deux sens, pour se maintenir en suspens et rester crédible ? Apprenons donc à penser l'*ambigu*, mais à chasser l'*équivoque* (à *explorer* ce par quoi – en quoi – ce que nous opposons arbitrairement est indissolublement lié dans les faits en même temps qu'à *évacuer* ce qui, par suite d'un emploi insuffisamment rigoureux du langage, vient à nuire à la clarté des distinctions à faire). Si l'amour est un mot « faux » (*ein falsches Wort*, dirait Wittgenstein : un mot dont on ne sait pas finalement ce qu'on dit quand on le dit), ce n'est pas seulement parce que sa notion est trompeuse, mais aussi parce qu'il en impose faussement. Au point que, sous ce caractère tapageur de l'Amour, s'est trouvé recouvert et occulté ce qui se révélerait sinon, en suivant le filon de l'intime, la ressource sans doute la plus féconde de l'humain ; ou que, sous le montage dramatique de la passion amoureuse et sa fameuse construction psychologique, s'est trouvée délaissée la possibilité morale qui, dans l'intime, plus foncièrement se découvre. On a tant sacrifié à l'Amour, par facilité, parce qu'il se prête aux péripéties de l'intrigue, parce que son récit est captateur et ses grands mots sonores – tandis que le cheminement de l'intime est si discret. L'amour est exclamatif, superlatif, mais lui, l'intime, vit du retrait et se tait.

Je trouve ainsi symptomatique que, dans le roman de Simenon par lequel j'ai débuté, quand il commence à lui dire : « je t'aime », elle lui mette le doigt sur la bouche et lui dise « chut ! ». Car « amour » est un gros mot qui écrase. Collé ainsi sur la situation, il fait qu'aussitôt on pose ; on rentre dans un rôle : l'amoureux « transi », l'amant « comblé ». C'est là le mot facile, obvie, le mot appris – le mot fétiche – qui vient commodément à la bouche, mais qui trahit, sous son effet d'annonce, ce qui s'est effectivement engagé. Car le mot d'« amour », à peine prononcé, crée de la posture qui, du même coup,

fatalement, est travaillée par le doute et par l'imposture :
« Est-ce que je l'"aime" (comme je le dis et, par là, le
dois) ? » ; « cet amour est-il vrai ? », « vrai » comme on
se demande si une histoire est « vraie ». Qu'on le veuille
ou non, ce mot d'« amour », à peine prononcé, fait basculer dans le théâtral : ne serait-ce que par le décalage
entre ce tacite et ce disert, ce discret et cet ampoulé. Ou
peut-être sert-il seulement d'étiquette pour se rassurer :
face à l'inconnu qui s'ouvre, il nous rétablit en terrain
familier. Car depuis le temps que les hommes l'ont prononcé... Il me paraît, en tout cas, que, sous son effet
d'affiche, il empêche de discerner ce qui se passe, et
que ce personnage commençait à dire, ma foi, comme
il le trouvait : «... J'aurais voulu exprimer d'un coup
ma tendresse pour cette femme que je ne connaissais
pas la veille mais qui était un être humain, qui devenait
à mes yeux l'être humain... »

Ce personnage d'ailleurs, à peine a-t-il prononcé
ce mot fatidique : « amour », aussitôt se corrige. Il le
reprend parce qu'il est sans issue, à la fois bloque et
est suspect : « Peut-être n'était-ce pas elle que j'aimais,
peut-être était-ce la vie. » On commençait à peine à
faire sa déclaration et voilà déjà que celle-ci se trouve
noyée et trahie. La formule suivante, en revanche,
tâtonnante, parce que tâtonnante, est déjà plus juste.
Elle se contente de dire l'intimité du dedans qui
s'ouvre : « Je ne sais pas comment dire : j'étais dans sa
vie. » De cet intime d'ailleurs, Simenon éclaire par la
suite conjointement deux choses qu'on croirait oppo-
sées. Dans cet *entre* ou ce champ commun ouvert par
l'intime, on n'est plus curieux envers l'Autre, la barrière à l'intérieur de laquelle se sécrète la curiosité

étant désormais franchie : « … Je ne m'inquiétais pas
de savoir pourquoi elle avait été condamnée.» Mais,
en même temps, on a l'intuition ou le «tact» de l'Autre
parce qu'on est entré dans sa vie : «Elle avait deviné
que je m'en faisais une fête…»

Quant à Stendhal, me dira-t-on? Quant à Stendhal,
«peintre de l'amour»?… Même s'il sacrifie, comme
tous les romantiques, au grand thème de l'«Amour» et
reste sous son enseigne pour développer ses analyses
(dans *De l'amour*); même si ses personnages s'en rap-
portent aussi ou d'abord à lui, à la fois pour se conquérir
et se repérer, je me suis demandé si ce n'est pas plutôt
l'entrée et le progrès résolu dans l'intime qu'il décrit.
Dans la «cristallisation» amoureuse, n'est-ce pas
l'accès à l'intime qui vient tout précipiter? – il y a, dit-
il, l'«Avant» et il y a l'«Après» (l'intimité). L'intime
est l'événement (avènement) qui fait césure et change
tout. Ou bien l'«amour» n'est-il pas seulement l'enveloppe extérieure, ou le cocon protecteur, dont le cœur
est l'intimité? L'intime, en tout cas, est le terme, non
pas emphatique, comme l'est si souvent l'amour, mais
«analytique», grâce auquel Stendhal suit pas à pas le
cheminement de ses personnages. Indice et mesure
subtils au point qu'on paraît parfois frôler la contradiction. Tant le franchissement de l'intime, en fait, est
graduel et ténu, même s'il fait globalement événement,
et sa première démarcation fragile.

Il vaudrait la peine de suivre cette transition si peu
perceptible mais qui, dès lors, par son résultat, change
tout. Dans la page décisive de l'intime (au Chasseur
vert, *Lucien Leuwen*, chap. XXVI) : «ils auraient eu
toute liberté qu'ils n'auraient pas dit beaucoup plus, et

ils n'étaient pas, à beaucoup près, assez intimes, pour
ne pas en avoir éprouvé un certain embarras ». À ce
stade, l'intime est encore à la peine et débutant. Or,
à peine plus loin : « Ce n'étaient plus les transports de ce
bonheur jeune et sans soupçons, mais plutôt de la passion, de l'intimité, et le plus vif désir de pouvoir avoir
de la confiance. » Voilà que l'intime est déjà acquis,
qu'une ligne invisible vient d'être franchie, qu'il y aura
désormais un « avant » et un « après ». Le progrès de
l'intime, de l'un à l'autre moment, se fait en creux, mais
il est décisif. « Intime » est à la fois le marqueur et le
vecteur de la relation, ce qui en mesure le développement effectif, en même temps qu'il est la notion qui, en
reprenant, pour le corriger, ou plutôt l'abandonner, le
terme convenu et rhétorique de « passion », dit la nature
véritable du rapport engagé : « avoir de la confiance »,
commente Stendhal en dégageant l'essence, autrement
dit faire alliance, ouvrir un dedans entre eux et pouvoir
se maintenir dans ce dedans partagé, mais qui ne fait
encore que s'esquisser. Mais aussi qui s'entrevoit déjà
comme une immensité possible. La phrase suivante
est la plus simple, sans effet aucun, elle le peut (car
pourquoi chercherait-on encore – en plus – un effet ?) :
« Leur bonheur de se trouver ensemble était intime et
profond. »

Pour mesurer l'écart qui sépare le mythologique de
l'« amour » et l'analytique de l'intime, il suffira ainsi
de sonder leur entrée respective. Le « coup de foudre »
est la figure emblématique et théâtrale du premier.
Stendhal : « Il faudrait changer ce mot ridicule ; cependant la chose existe » (*De l'amour*, chap. XXIII). La
chose « existe », mais quelle est la « chose » ? À moins

de désigner l'ébranlement physiologique que décrit Sapphô, la stupeur et le saisissement des sens, le coup de foudre évoque sur un mode à la fois excessif et renonçant, tel un surgissement fortuit indépendant des sujets, ce qui n'est en fait que l'affleurement sonore, soudain mais résultatif, d'une transformation silencieuse qu'on n'a pas entendue cheminer. Car il n'y a de rencontre et de séduction subite que précédées d'une attente indéfinie, d'un désir vague, qui n'espéraient que cette occasion pour s'emparer du moi-sujet et pouvoir se «cristalliser». Tous les bons romans le montrent : je m'éprends d'autant que je suis vacant. La représentation fabulée du coup de foudre et son mauvais miracle ne sont que la mise en scène sensationnelle, n'en retenant que le grossier, de ce procès qui échappe.

Or on entre dans l'intime par ce que j'ai choisi de nommer un «basculement» : *basculement* du dehors de l'indifférence, ou de l'hostilité, dans ce dedans partagé – c'est lui que décrit Stendhal entre Mme de Chasteller et Lucien, à la soirée du bal. À mi-chemin d'un infléchissement progressif et d'un renversement brutal, le basculement est bien une rupture, et même irréversible, faisant événement, mais qui est le produit et le résultat d'une accumulation précédente et donc ne dépend que du déroulement engagé. À la différence du «coup de foudre» qui en appelle au fabuleux quant à sa représentation, «basculement» s'entend complètement en termes de forces en jeu et de processus impliqué : il ne mythologise pas. À la fois rien d'autre n'entre en ligne de compte que l'effectif de la situation (on ne sort pas de sa logique immanente, il n'y a pas forçage de l'intrigue), mais ce cours impliqué intègre sans peine

dans sa « physique » la diversité des facteurs et la tota-
lise, y compris la capacité d'oser et la résolution de
s'allier. Cette « physique » de l'humain, autrement dit,
n'exclut pas la liberté des sujets se risquant dans l'intime et choisissant d'être ou, plutôt, de se mettre à deux
pour « exister ». Ou disons pour *vivre* en existant.

X – Vivre à deux

1. Quand on s'attaque à cette entreprise qui se voudrait d'intérêt public : justifier la vie à deux, la consolation avancée d'ordinaire est que, une fois que l'irruption du désir – le soudain de la découverte – commence à passer (le désir, ressasse-t-on, voulant du nouveau et s'usant dans le couple), restent la tendresse et l'affection. Elles sont à la fois le report et le support de la relation. Ce n'est là qu'une banalité soufflée par le bon sens et colportée par la rumeur, mais cela, je l'avoue, nous traîne misérablement dans la tête. Selon une de ces vieilles images qui servent de représentation facile parce qu'on n'a rien pour les remplacer, le feu de l'embrasement s'est refroidi, mais il reste «des braises qui éclairent» : à moindre régime, mais sans plus de secousse et pour plus longtemps. Il y va d'une sorte d'assagissement de la passion dans le duratif et l'affectif : pour le bon équilibre des choses (l'homéostasie du couple), ce qu'on perd en intensité (la flamme), on le récupère à proportion en longévité sereine (la «douce habitude» disait Stendhal), comme lorsqu'on a refermé l'insert et qu'on regarde les bûches se consumer désormais tranquillement, à petit feu, derrière la vitre de la cheminée.

Or il faut s'arc-bouter contre cette image. Il faut s'en prendre à ce qu'elle contient de passif, de faussement normatif aussi et, disons-le, d'atrophiant (atrophiant l'humain) – ne mettons pas moins de volonté à secouer ces vieux préjugés faisant barrage à la vie éthique que n'en a mis, pour son compte, la philosophie classique à débusquer et chasser les préjugés de la connaissance. Si vivre à deux ne se justifie, à mes yeux, que par ce qui s'y instaure d'intimité, il faudra alors penser les conditions d'un intime dans lequel on ne fait pas que « basculer » un beau jour, par audace et résolution, mais qui fait rencontrer de l'infini dans cet enfoncement. Sinon il arrivera salutairement ce qu'il arrive aux personnages stendhaliens qui, une fois qu'ils ont touché à la source et ressource de l'intime, n'ont d'autre issue que de fuir Nancy à la hâte, ou de se laisser trancher la tête en place publique, pour ne pas laisser cet intime s'étioler. Il y aura donc encore à comprendre ce qu'est *entre-tenir* l'intime, c'est-à-dire activer cet « entre » qui s'ouvre et se « tient » entre des sujets, les fait « tenir » également ; et, d'abord, à le séparer du « privé » qui, purement défensif, en mettant juridiquement à l'abri du public, n'est susceptible d'aucun approfondissement. L'intime, lui, est un *intensif.*

Le tort de cette vieille image, si l'on en revient à elle pour l'éradiquer, image éculée mais jamais vraiment critiquée, est que, se représentant de façon primaire, inversement proportionnelle, intensité et durée, elle ne sait pas distinguer entre la *vie à deux*, qui est un état, voire celui enregistré à titre d'« état civil », et *vivre à deux*, verbal, qui est une activité-capacité. Pour reprendre mes catégories du « vivre », la première relève de l'*étale*, le second relève de l'*essor*. Et d'abord, si la vie à deux se fait banalement sous un même toit, on peut vivre à deux, en revanche, en étant séparé et séjournant chacun de son côté : habitant Paris et la Russie comme Balzac et Mme Hanska. « De son côté », en ce cas, ne fait pas barrière, mais, donnant une distance à dépasser, ravive la nécessité de *rencontrer*. Car la frontière, la vraie, celle qui sépare, est de l'ordre de l'invisible et se densifie volontiers, en s'y dissimulant, sous la proximité. Façon par là de reconnaître, encore une fois, que *vivre* est stratégique, puisqu'il s'agit de trouver les moyens de vaincre une difficulté affrontée : celle, ici, de l'étiolement de la vie dans son étalement ; et, d'autre part, que cet « auprès », qui fait l'intime, n'est pas tant à entendre localement qu'il n'est d'abord « intentionnel », au sens le plus originel, en ouvrant un *champ d'intentionnalité partagée*.

Qu'on ne puisse *vivre* effectivement qu'*à deux*, ce qu'a reconnu, mais maladroitement, de façon trop mythologique, le grand thème amoureux, c'est-à-dire qu'on ne puisse « vivre » qu'en *ex-istant*, *i.e.* en se tenant hors de soi, réconciliant ainsi ces deux verbes (vivre/exister), voilà qui n'est pas second, vraiment, mais originaire. La philosophie classique l'a méconnu, on le sait, en croyant pouvoir poser initialement un sujet insulaire, ne relevant que de sa propre initiative, celui du « je suis », *ego sum*, ou du sujet transcendantal. Or vivre ne se conçoit qu'en tension, tourné vers et s'adressant à, c'est-à-dire qu'il y faut essentiellement de l'Autre tel qu'il sorte le soi de son confinement, l'aspire et le porte à se hisser, à la fois à se défaire et à s'aventurer. Cet «Autre», on se l'est longtemps figuré comme étant Dieu ou de façon, je crois, encore trop typée et trop répartie dans des rôles: l'amant(e)/l'aimé(e). Or notons que l'intime ne connaît plus cette bipartition des rôles et des voix: actif/passif. Dans l'intime, dans cet *entre* qu'il ouvre, chacun est indissociablement actif-passif, ou plutôt cette distinction se défait, en quoi l'intime effectivement est partage. Car l'intime n'a plus besoin de ces marquages et de ces repérages; en ouvrant un champ commun d'intentionnalité qui maintient en tension vers l'Autre, il désapproprie chacun du «soi». Si la solitude, en effet, est pire qu'intolérable, proprement «invivable», c'est qu'elle maintient dans une coïncidence et dans un confinement de soi avec soi, ou dans un bornement de soi à soi, sédimentant et pétrifiant le «soi» et le retenant de se promouvoir et d'ex-ister. Qu'on aime à parler, qu'on aime à voir l'Autre, et même à «faire du bien», bref, la morale ordinaire, n'est, je l'ai dit, que conséquence.

Dit autrement encore, si la «vie à deux» tourne si volontiers à l'horrible, se transformant si tôt en cohabitation forcée où chacun a constamment à négocier avec les vues et les manies de l'autre (tenir la fenêtre ouverte ou fermée – je passe), *vivre à deux*, en revanche, est frontalement, ou je dirai offensivement (stratégiquement), l'inverse. La «vie à deux» n'est qu'une modalité demeurant extérieure, elle n'est qu'un habillage, y compris pour ses deux partenaires; mais vivre à deux fait entendre *vivre* de l'intérieur, le révèle dans son exigence et son acuité. Au lieu qu'on soit là à se tenir compagnie et s'épargner la solitude, vivre à deux est effectivement coopératif. Comme on dit faire à deux

– porter ou hisser à deux – ce qu'on ne peut faire seul. Vivre à deux est résistant (dissident) donc, mais vis-à-vis de quoi ou pour quoi faire ? Car de quoi « vivre » est-il menacé ? De ce que je discernerai conjointement sous ces deux aspects. D'une part, la *rétractation des possibles* : que, sans même qu'on s'en aperçoive, ce qu'il serait possible de vivre (l'*aventureux* du vivre) se retire et se défasse par clôturation et rétrécissement d'un « soi » et, par suite, résignation-adaptation par conformité. De l'autre, ce que j'appellerai l'*enlisement du vital* : que la vitalité se perde dans la fonctionnalité, que l'acuité des volitions s'émousse, que l'élan, l'allant, se dilue et se confine dans ce qui fait son environnement – la « lise » du quotidien, à la fois du normé et du répétitif. Telle est, d'une façon comme de l'autre, la perte de l'*essor*. Or, si la vie à deux en amplifie le danger, par son étalement confortable, voire déjà le sécrète, vivre à deux me paraît une « alliance » en vue d'en renverser les conditions.

2. C'est d'ailleurs ce qui redonnera à penser le rapport complexe, ou plutôt *ambigu*, difficile à trancher, de l'intime avec ce relationnel si spécifique qu'est le sexuel. Non seulement celui-ci promeut celui-là, détache et produit cette relation de l'« à deux ». Mais aussi, en retour, l'intime fait-il revoir autrement le sexuel sous la perspective qui est la sienne et dans laquelle alors il l'intègre. Car, si l'intime et le sexuel ne se recouvrent pas l'un l'autre, mais néanmoins si souvent se croisent, sans doute est-on conduit, selon que l'on parte de l'un ou de l'autre, à renverser le point de vue : à considérer non seulement que l'intime est la conséquence et le fruit de ce qu'on appelle «rapport sexuel», l'union sexuelle ouvrant ou creusant l'intime (la «pénétration»); mais, tout aussi bien, à l'inverse, que tout ce qui a conduit à l'acte sexuel est lui-même, en fait, au service de l'intime – c'est-à-dire à considérer que le désir sexuel lui-même, dans sa pulsion libidinale, peut être un désir d'intime.

Ce qui nous reconduit immanquablement à cette question qui prend très tôt – trop tôt, sans doute, au regard de l'ambiguïté de l'intime – la forme d'une alternative : de quoi le désir sexuel est-il donc le «désir»? Est-il désir de satisfaction libidinale (la décharge) ou bien désir d'intime (l'ouverture d'un dedans partagé)? Ou de quelle jouissance s'agit-il : «physique» ou «métaphysique»? Ou bien encore, j'y reviens, dans ce qu'on appelle la «pénétration sexuelle», qu'est-ce que «pénétrer»? («Que» pénètre-t-on?) La satisfaction sexuelle ne pourrait-elle pas être seulement le prétexte ou l'ouverture (couverture) de ce désir d'intime? Voilà qui conduit en tout cas, une fois de plus, à défaire la séparation du sexuel et du spirituel, comme y porte l'*ambiguïté* de l'intime, en dépit de l'opposition courante, celle que la mystique d'ailleurs, sait-on bien, pour son compte, a depuis si longtemps bafouée. Que, sous ou plutôt à travers le «physique» (l'excitation de la libido), du «métaphysique» soit en jeu signifie que ce qui porte à la pénétration, et ce que celle-ci porte en elle, est d'ouvrir un intérieur, entre l'un et l'autre, qui se creuse en «le plus intérieur»; et que cet intime, au sein même de ce resserrement des corps, de cette focalisation et crispation orgasmique, est tentative de s'affranchir d'une telle exiguïté (de toute exiguïté) et,

la débordant, de toucher à de l'ouvert et de l'infini.
« Pénétrer », c'est sortir – sortir de ce confinement de
soi et se hisser : ex-tase de l'ex-ister.

Ou peut-être devrait-on commencer par opposer
entre elles ces deux expériences. D'une part, quand
c'est seulement la satisfaction de l'excitation sexuelle
qui est visée et que l'autre n'est que l'occasion et le
point d'appui de la jouissance : il n'y a pas d'ouverture
à lui et c'est même plutôt par fermeture à l'Autre que
l'on prétend jouir (la posture que ne cesse de revendi-
quer le héros sadien) ; on ne veut que se débarrasser de
sa pulsion dérangeante, au mieux désenliser sa vitalité
organique. De l'autre, quand la pénétration portée par
la pulsion est franchissement de la frontière et entraîne
dans son sillage un creusement d'intimité : la jouissance
devient de dépassement du limité et tentation d'accès.
À preuve de cette différence l'instant qui suit : dans le
premier cas, l'autre ne servant que de « moyen » ou de
support, à peine l'« acte » achevé, on veut l'oublier, s'en
retirer, s'en détacher et passer à la suite : retrouver hâti-
vement la normalité (scène ordinaire à la Maupassant).
À peine l'acte consommé, on est pressé de s'en aller –
on n'a, en effet, rien à faire de plus : la « passe ». Dans
l'autre cas, celui d'entrée dans l'intime : « il lui déposa
ensuite un baiser de paix sur l'épaule », dit le narrateur ;
elle, en réponse, « lui sourit », lui signifiant que, après
ce chavirement, tout enfin en sort décapé. Tristan et
Iseut, déroulant leur corps, regardent le ciel au-dessus
d'eux, et même cet « eux », au pluriel (duel), se défait :
car on est porté à l'intime de concert avec les grands
arbres, le jour qui se lève et le monde entier – ceux-ci en

sont partenaires. Et le temps, selon la formule, « paraît s'immobiliser » : bref aperçu d'éternité.

La différence ne passera donc pas entre le sexuel et le spirituel et, par conséquent, entre le libertinage et l'ascétisme (celle qu'a résumée Socrate dans le *Phédon* : soit vous vous livrez au charnel et vous y engloutissez votre âme ; soit vous vous détachez du charnel et vous la promouvez). Elle passe entre l'ouverture d'une intimité et son refus. Elle relève de cette alternative : est-ce que le sexuel creuse ou non de l'intime – infini – entre eux ? Et d'abord d'« eux » procède-t-il un « nous » ? Si oui, il est clair que le sexuel débouche, *via* l'intime, sur un spirituel né de l'Alliance et du débordement de soi par l'Autre – et qui donc n'a plus rien à voir avec l'élévation platonicienne reportant l'objet du manque vers un ordre idéal. Même le cas adverse, du moins s'il s'affirme franchement, s'il affiche l'extériorité maintenue en réduisant obstinément l'Autre à la seule consommation, ou même seulement en le mettant ainsi lubriquement en scène, ne porterait-il pas peut-être aussi du spirituel en lui, en creux, ne serait-ce que par sa qualité d'envers ? Force du refus (dignité du défi). L'étiolement (l'atrophiant) viendra, en revanche, de ce qu'on biaiserait, louvoierait, avec cette exigence de l'intime, ne prendrait pas parti vis-à-vis de ce qu'elle fait lever d'alternative et donc de choix : qu'on ne la reconnaisse pas et donc qu'on ne l'affronte pas. Comme y porte fatalement, par ressassement, par étalement, la « vie à deux » repliant pusillanimement sous la logique de consommation l'appel à l'intimité. Dit autrement, ce n'est pas l'« excitation » (« sexuelle ») qui est le contraire du « spirituel », c'est-à-dire, comme je le comprends, de ce qui ouvre sur de l'infini, car elle peut y donner accès (elle est alors éclosion), mais ce que j'appelais l'*enlisement*.

3. La *coopération* du vivre, dans l'intime, ne s'arrête cependant pas là. Quand s'ouvre un champ commun d'intentionnalité, l'Autre n'est pas seulement, négativement et salutairement, par qui on se désapproprie de soi et sort de son confinement-enlisement intérieur. Il est aussi celui par qui j'*accède*. Et d'abord à l'ici et au maintenant, au présent et au paysage. C'est-à-dire qu'il est le médiateur grâce à qui cet immédiat du vivre peut ne plus se dérober, se laisse enfin aborder – en quoi aussi l'intime, dans cette figure du Médiateur, est redevable envers le christianisme (le Christ étant par qui passer pour accéder). En rapport au «temps» d'abord : le temps n'est plus cet instant – *in-stans* : «ne tenant pas» – qui continuellement m'échappe ; mais il se retient, dans l'intime, ou se recueille en «maintenant», qu'on retient «par la main», de ce seul fait qu'il se découpe à deux et se promeut en moment partagé. Car l'intime est du *moment*. Si la durée sans fin en est la perspective, le moment en est l'actualisation. Or un moment ne se mesure pas quantitativement, comme le fait le temps physique (aristotélicien), se décomptant entre début et fin ; mais il s'éprouve qualitativement (un «bon moment»), il se creuse lui aussi, franchit des seuils et des degrés. Le «moment», comme l'intime, est un *intensif*.

Comme l'intime, le moment, pour s'affirmer, se qualifier, est dépendant de conditions. Comme l'intime, le moment s'étend, n'étant pas l'instant, mais doit aussi se renouveler; sinon il y a épuisement. Surtout, le moment doit se démarquer: se détacher de la répétition temporelle et de l'estompement. C'est pourquoi c'est principalement à deux qu'on peut éprouver un «moment»; ou disons qu'il faut la coopération de l'Autre pour faire *ressortir* un moment, le promouvoir et l'actualiser. Car, seul, on ne parvient pas à le détacher de son environnement et de la continuité qui l'arase. Parce qu'on ne possède pas en soi-même, au sein de cet enchaînement temporel, suffisamment de distance et d'espacement intérieurs vis-à-vis de ce qu'on vit, un tel «ce que» lui-même ne s'y laissant pas dessiner, il faut que l'Autre, intervenant de son dehors, mais en intime, vienne croiser notre temporalité et la rehausse en la cernant: de sorte que celle-ci puisse s'extraire de sa continuité étiolante et se constituer – se nouer – en «moment» singulier. Il faut l'extériorité de l'Autre, autrement dit, mais pénétrant notre champ intérieur, pour qu'on se perçoive vivre en même temps qu'on vit: qu'une réflexivité s'instaure – non pas après coup mais actuelle – sous l'effet de ce partage engagé.

Qu'il y ait à penser l'Autre, en tant qu'intime, comme la médiation nécessaire pour accéder à l'*immédiat du vivre*, ce pourquoi il faut «vivre à deux», s'y mettre à deux, pour faire advenir un moment, contient donc la vérité du vivre dans son paradoxe. Ne soyons pas dupes, en effet, de cet anecdotique et de cet ordinaire qui font qu'on se donne rendez-vous, qu'on se fixe une heure et qu'on attend, qui font qu'on se demande, de l'un à l'autre, si l'époque «est bien choisie» (si le temps «sera de la partie», «comment s'habiller», etc.: les détails ou les *riens* triviaux, mais heureux, de l'intime).

Car ce circonstanciel, souligné par et dans le rapport à l'Autre, *creuse* le moment. Tout cela, aussi anecdotique que cela paraisse, mais qu'on ne peut évoquer seul, parce qu'on ne possède pas assez de distance intérieure pour le sortir de son flux et l'é-voquer, qu'il faut donc être à deux pour faire émerger, sert à sertir le moment et le « relever ». Tout simplement, attendre l'Autre, même si l'on s'impatiente alors, fait *apparaître* du moment.

4. Si l'on s'en tient à cette formulation commode de l'« ici et maintenant », *hic et nunc*, pour nommer l'immédiat du vivre, on dira alors que l'Autre, dans l'intime, ne fait pas seulement émerger un (du) moment, laissant cerner un « maintenant », mais permet aussi d'accoster à l'« ici » : l'intime, autrement dit, fait accéder au paysage. Ou bien encore c'est tout autre chose de regarder un tableau seul et de le regarder à deux. Quand je suis seul devant un paysage ou un tableau, je suis d'abord frappé de cette beauté qui se trouve si prolifiquement donnée là, abondant comme une source. Cet offert est précieux, je le sais et veux m'en saisir. Puis (mais), très tôt, je sens poindre la menace qui est, je crois, de ne pouvoir le retenir. Ou ne serait-ce pas, déjà, préalablement, de ne pouvoir y « accéder » ? N'est-ce pas que ce paysage se retire en lui-même et me renvoie par contrecoup dans une solitude, chacun retombant de son côté ? Cette beauté qui d'abord me faisait signe s'affirme, plus je la regarde, inatteignable, devient abîme, dont j'ai ensuite tant de mal à me remettre, à remonter.

Mais voilà qui est peut-être encore trop lyrique, trop emballé dans des formules, abandonné à de l'émotionnel trop tôt thématisé – essayons de le dire de plus près. Seul, on se sent à l'étroit devant ce paysage : le regard glisse dessus, il n'a pas vraiment prise, ne peut le pénétrer, s'y enfoncer ; on ne peut s'y mêler. Ces formes, ces couleurs sont dans leur vie et «moi» dans la mienne. Or le fixer plus précisément ne sert à rien ; ou alors ce n'est plus de beauté qu'il s'agit et je me libère de celle-ci, la fuis, par l'attention portée au détail qui, la morcelant, la fait oublier. Le paysage me renvoie à moi-même comme m'est renvoyée la balle qui frappe un mur : ce paysage s'est «muré». Toute contemplation de la beauté du monde porte tôt en elle le sentiment d'une déréliction de «soi», de soi enfermé en soi. «Déréliction» : c'est là, je crois, en dépit ou serait-ce au travers de sa connotation religieuse, le terme juste – le sentiment de se trouver laissé là, dans ce face-à-face indépassable et qui bientôt devient stérile.

Peut-on jouir seul – ou jusqu'à quel point ? – de ce *tel quel* d'un lieu et d'un temps, de cet ici et de ce maintenant ? «Jouir», c'est-à-dire, en ce cas-ci, accéder au banal inouï de ce qui s'offre. Sur le chemin qui côtoie la rive, Rhône ou Saône, on l'a oublié, des jardins en terrasse bordant la côte opposée, après une soirée très chaude, mais la rosée humectant l'herbe flétrie : «l'air était frais sans être froid ; le soleil, après son coucher, avait laissé dans le ciel des vapeurs rouges dont la réflexion rendait l'eau couleur de rose…». Ajoutons à cela, ce qui pour une fois ne sera pas trop *kitsch*, le chant des rossignols se répondant d'un arbre à l'autre… Ce paysage n'a rien d'extraordinaire, rien de frappant, mais il émerge en *moment* : «Je me promenais dans une sorte d'extase, poursuit Rousseau

(*Confessions*, livre IV), livrant mes sens et mon cœur
à la jouissance de tout cela.» Mais aussitôt (se reprenant) : «et soupirant seulement un peu du regret d'en
jouir seul». Or, serait-ce seulement «un peu» ? On est
là devant une perfection qui soudain assaille, qu'on
sent ne plus rien laisser en manque, dont on ne peut pas
imaginer le dépassement, *vivre* y découvre son plein
accord… Mais il faudrait déployer de l'*entre*, comme
on tend un filet, être à deux – s'y mettre à deux – pour
le recueillir.

Car tout change quand on *regarde à deux*. À deux,
une telle déréliction ne menace plus. Ce n'est pas
tant qu'on se parle, qu'on commente – phrases plutôt
banales : « Tu as vu», «C'est beau… ». Car cela deviendrait plutôt oiseux, à moins que cela justement n'intro-
duise déjà un peu de jeu et ne libère de cette oppression
du Beau : au lieu que cette beauté se referme sur elle-
même, nous ouvrons, à deux, un champ contemplatif.
Il ne faudrait pas abuser de ces formules trop conci-
liantes, mais il est vrai que, quand nous regardons
ensemble, à deux, le paysage s'instaure en tiers avec
nous : il n'est pas seulement objet de perception mais
est aussi partenaire ; le partage qui nous lie s'étend à
lui et l'associe. À regarder à deux, on n'est pas plus
concentré ou meilleur observateur – on l'est moins
peut-être ; mais cette observation qui, quand on regarde
seul, devient sèche et bientôt stérile, est comme un élément ou bain commun quand on est deux. Regarder à
deux fait exactement «baigner» dans le paysage (ou le
tableau). Au lieu que le regard se crispe pour s'en saisir,
il peut y évoluer : au gré, de façon détendue, parce qu'il
n'est plus à l'étroit, exigu, parce qu'un autre regard est

là, auprès, qui va aussi son chemin, évolue de concert et silencieusement l'accompagne. On ne regarde pas nécessairement la même chose, ni au même instant – ces deux regards ne se doublent pas ; mais, justement, cela ouvre du champ ou de l'espacement libérant de la fixation, permettant la circulation : un échange tacitement a lieu, à deux, dans lequel se livre le paysage. C'est-à-dire que, dans cet *entre* ouvert entre nous, le paysage (le tableau) peut aussi « entrer ». Il trouve à se déployer dans ce champ d'intentionnalité partagée, en même temps que les regards, en s'alliant, connivents, chacun comptant aussi sur l'autre, débordent spontanément de leur exiguïté.

Je me méfie de regarder seul un paysage. J'ai compris. Comme tout vivant qui prévoit ce qui va lui faire mal, le pressent d'un flair animal, j'évite. Regarder seul renvoie à soi ou plutôt à la limite du « soi », au confinement de soi, et le paysage, du même coup, reste inatteignable. Regarder seul un beau paysage (mais tout paysage a sa beauté, plus ou moins parvenue à la surface) renvoie inéluctablement à la mort (« belles phrases » de Chateaubriand sur le sujet). Regarder à deux, en revanche, est joyeux – nécessairement joyeux, joyeux parce que généreux. Cette beauté devant nous n'est plus muette, retirée, séparée, est non plus seulement devant mais *entre*, devient parlante, communicante. Partir à deux (en « week-end », à Paris, à Rome, à Venise) n'est pas qu'une annonce de publicité. Car on ne peut regarder, se promener, à Paris, à Venise, qu'à deux ; sinon c'est trop douloureux. Non pas qu'on jalouse les autres (les couples), qu'on se sente seul à côté d'eux, mais simplement parce que, seul, on n'y parvient pas. Non pas, je le répète, qu'on voie mieux, qu'on remarque autre chose quand on est deux, mais on voit d'une autre façon, en *ex-istant* l'un par l'autre et donc se tenant aisément hors de soi, se projetant, se promenant, dans ce paysage ou ce tableau. C'est la façon d'être devant le paysage qui a changé, ou plutôt ce « devant » est à corriger, on n'est plus bloqué dans le face-à-face. Non seulement la fixation (l'isolation) dans laquelle a tôt fait de verser ce face-à-face est levée, mais le paysage aussi coopère ; dans cet *entre* ouvert, il « entre-tient » l'intimité.

Si regarder change radicalement quand on regarde à deux, regarder change de nouveau tout aussi radicalement quand on regarde à trois ou plus de trois, en groupe, en foule, en famille. Car la foule, l'intime le sait, commence à trois : le « tiers ». Or le regard à trois est un regard qui soit à nouveau s'isole, soit se distrait avec les autres ; qui soit se retire dans l'individuel et redevient une scrutation solitaire, soit se perd dans une inattention commune. D'une façon comme de l'autre, il ne partage plus ; donc aussi il n'accède plus. Il est le regard de ceux qui descendent de l'autocar, prennent des photos, lâchent leur phrase de commentaire, payant leur écot à la sociabilité, et remontent s'asseoir à leur place. Il n'y a rencontre d'aucune façon : le glissement (l'évitement) est continu, tant avec l'Autre qu'avec le monde. Bavardage opaque (avec « autrui »). Je teste, en revanche, ma qualité d'intime avec elle en ce que le paysage, auprès d'elle, se laisse enfin joyeusement associer.

5. Parce qu'un échange se poursuit continûment en silence, quand on regarde à deux, dont il émerge seulement quelques interjections réactives, par lesquelles on se fait signe et se confirme le partage, le regard peut ne plus se saisir étroitement de son objet, mais *baigner* dans le paysage, s'y répandre et y répondre – y circuler. Il ne se braque plus, en fixant, mais s'épanche. Or il n'y a pas seulement « le soleil ni la mort », selon la formule célèbre, qui « ne se peuvent regarder fixement ». Il y a aussi le regard d'autrui. On dit : « se regarder droit dans les yeux », attitude, affirme-t-on, de la franchise ; mais on ne peut regarder quelqu'un droit dans les yeux, sait-on bien, plus de quelques secondes. Car, le regard étant ce qui seul, de toute la personne, fait affleurer directement son intérieur au-dehors, à la surface, ne le recouvrant plus d'un voile de chair ou de quelque épaisseur, regarder le regard de l'autre, en face à face, frontalement, met l'autre trop à nu, ne respecte pas sa frontière, fait intrusion dans son dedans, et réciproquement, tourne au duel et au défi ; en devient violent ou indécent. Très tôt, c'est intolérable.

Or, dans l'intime, au contraire, et c'est ce qui révèle et prouve qu'il y a bien intimité, on peut se regarder se regardant – songe-t-on seulement pendant combien de temps ? On ne le mesure pas. Car on ne se défie plus, on ne se dévisage plus, on se comprend, et même ce « comprendre » est-il déjà trop abstrait, un tel échange suffit et ne lasse pas : chacun s'épanche dans le regard de l'Autre, au lieu d'isolément – insolemment – épier. Il n'y a plus là forçage, violation de la frontière entre l'Autre et soi, puisque la barrière entre les deux déjà, de fait, est levée. Il n'y a plus impudeur, impudence, ou seulement quelque imprudence, puisque partage est là, engagé comme il est, et qu'il n'y a plus rien à cacher, mais que ce regard donne, à la fois accueille et se donne. Ce regard s'écoule, comme une eau, il n'a plus de raison de s'arrêter.

Son visage d'ailleurs, plus je le regarde, donc devrais le connaître, plus je le vois émerger. C'est dire que je ne m'y habitue pas ; et même, à vrai dire, plus je le regarde, plus je me déshabitue de lui – on s'habitue à « autrui ». Il surgit chaque fois à neuf, surprenant, quand je m'arrête sur lui : comme je ne l'ai pas encore vu. Il est devenu, ce faisant, incaractérisable : il *est* et il n'a d'aucune façon à être autrement. Tous les repérages, de trait ou d'âge, en sont oubliés. C'est d'ailleurs ce qui suffit à marquer l'entrée dans l'intime : non pas qu'on trouve toujours plus de raisons de célébrer l'Autre, comme s'en repaît le discours amoureux ; mais on ne pense plus, et même on n'imagine plus, que l'Autre ait à être autrement qu'il n'est. Dans l'intime, en tout cas lorsqu'il devient le plus intense, se creusant soudain sans limite, monte alors à la surface une adéquation venue de quelque en deçà secret, qu'on n'espérait pas (qu'on ne savait pas qu'on pouvait espérer), et tous les autres possibles, dans cet éclairement d'un moment, s'en trouvent temporairement retirés.

Ou bien la regarder me regardant : cela pourrait durer des heures. Cela pourrait même ne jamais s'arrêter. Je la regarde cheminant des yeux sur mon corps qu'elle paraît toujours découvrir, apercevoir pour la première fois, alors qu'elle le connaît, de fait, mieux que moi-même. La regarder me regardant me fait l'accompagner en moi-même : je suis passé « de son côté », en même temps que le mien s'ouvre. Car, de me regarder regardé par elle, de me découvrir découvert par son regard

qu'elle promène à son gré, libère du confinement du
« moi », m'épand parmi les choses, en douceur, au lieu
de me laisser sous la tutelle vigilante de ma volonté.
Passage à la limite, discret mais vertigineux, un seuil
qui n'est rien de moins que celui de l'appartenance à
« soi » étant sur le point de se franchir et moi-même,
à travers son regard, commençant à me percevoir du
dehors. *Doux*, je l'ai dit, ce « doux » du regard de l'Autre
sur moi n'a plus rien d'affectif ou de psychologique,
mais prend une tournure métaphysique, devenant une
catégorie foncière : celle qui dit qu'est tombée la frontière, libère de l'initiative du sujet, substitue l'ambiant,
le connivent, à l'éternelle frontalité.

Comme on se regarde, on se raconte : comme on peut
se regarder durant des heures, on peut se raconter sans
se lasser. « Se » raconter ne signifie pas tant, d'ailleurs,
raconter un « soi », se prenant pour objet du dire, qu'il
n'est la forme réfléchie du verbe, exprimant la relation
réciproque. On se raconte, c'est-à-dire de l'un à l'autre,
comme on se parle : « se raconter » l'un l'autre est même
une façon d'activer cette réflexivité et réciprocité de
l'intime et n'a pas d'autre but. « Que » pourrait-on bien
se raconter et se dire, en effet, à titre d'« objet » requis (le
fameux « dire quelque chose » d'Aristote : « parler, c'est
dire quelque chose », sinon la parole est « vaine ») ? Car
c'est plutôt un « rien » qu'on se raconte, un rien arrivé,
dont on sait bien qu'il n'a pas d'importance « en soi »,
ou plutôt qu'il n'a d'importance que parce que l'intime,
s'en emparant, le fait partager : qu'on se raconte donc,
non pas pour parler de soi-même, mais pour donner à
parler à l'intime. « Ce que » l'on se raconte n'est là, on

n'en est pas dupe, qu'en support de la parole intime ou
de ce que j'ai appelé son «entretien».

Or la parole de l'intime, pour ce faire, parce qu'elle
n'a pas vraiment «quoi» dire, qu'elle n'a rien d'autre à
dire, en fait, qu'à dire continuellement cette intimité,
dévie de la parole commune de deux façons ou des
deux côtés – à quoi tient l'amplitude qui fait sa plénitude. Elle est, d'une part, indéfiniment variante, se
nourrissant de tout ce qui survient, de jour en jour, et
se suffisant de cet infime qui arrive. Car, si là rien n'est
important, tout compte, dès lors que cela peut fournir
au partage et entretenir l'intime. Mais la parole intime
tout aussi bien est maniaquement répétitive : non par
habitude (sclérose), mais en fonction de quelque chose
qui a à voir avec le rituel. Car, comme tout ce qui est
travaillé par la tentation de l'absolu, l'intime possède sa
logique de culte, modalité non moins ordinaire de son
entretien. Elle a donc ses appellations canoniques, ses
formules arrêtées. Ses retours, redites et martèlements,
ont en somme la même vertu d'inscrire dans le quotidien et de rendre inébranlable que, pour le religieux,
dit-on, la prière. C'est pourquoi l'intime est tout naturellement la modalité d'un vivre à deux dans la durée.

Une autre amplitude de la parole intime, puisque
du présent elle n'a guère à dire, l'intime ne donnant de
lui-même rien à raconter, est d'osciller entre futur et
passé : de se nourrir de rappels et de projets. On ne fait
pas de plans pour fuir le présent mais, comme il n'y a
rien à dire du présent que son entretien prolongé, on
met du futur en scène, confiamment, comme support
de complicité. Ce futur est prétexte à l'intime («rêver»
à deux). Ou, si l'on se souvient, c'est pour mesurer

ensemble ce chemin parcouru de l'intime, se remettre
devant l'inouï – ravi – de ce qu'il a fait basculer. Mme
de Chasteller n'aime rien tant, dans ses soirées en tête à
tête avec Leuwen où ils n'ont rien à faire – à se « dire » –
si ce n'est à parler intime (comme on parle une langue),
que quand Leuwen lui rappelle ce qu'il pensait d'elle
auparavant. « Avant » : avant d'en venir à cette intimité.
Plaisir de passer et repasser – mais cette fois à deux
et éprouvant d'autant mieux cet « à deux » – de leur
dehors respectif, indifférent, à ce dedans partagé.

6. Parce qu'il fait tomber la frontière du dedans et du
dehors, ou du moins l'entame, l'intime réussit donc à lui
seul à détourner la logique de l'échange, et ce tant de la
parole que du regard. Qu'on puisse parler pour ne rien
dire, en effet, peut s'entendre en deux sens contraires :
soit c'est vain : la parole est creuse ; soit c'est « plein »,
si j'ose dire : on n'a pas besoin de dire quelque chose si
l'on se parle – ce « quelque chose », *ti*, si indéfini que
soit celui-ci, qui seul légitimait la parole selon Aristote.
On n'a pas besoin d'avoir « quelque chose » à dire
puisqu'on n'a toujours qu'une chose à se dire et qu'on
parle seulement pour faire « passer » l'intime. Car on
pourrait parler aussi bien de tout autre chose. Cette
parole n'a pour fonction que d'investir l'« à deux » ;
elle n'est au fond qu'une variation du silence, opérant
tacitement elle aussi, au lieu de s'y opposer. Au point
que cette parole qui ne dit rien qui compte, mais entre-
tient l'intime, n'a pas de « sens », à proprement parler,
mais n'est pas non plus insensée : elle ne dit ou plutôt
ne fait toujours que la même chose, « performative »

à sa façon, qui est de véhiculer et d'activer l'alliance engagée.

En l'appelant «babil», Rousseau a caractérisé de cette parole de l'intime à la fois deux choses. D'une part, qu'elle ne dit que du futile, s'occupant de riens, mais d'autre part que ce futile, s'il n'est pas significatif, n'en est pas moins expressif: expressif d'une vitalité (comme l'est le babil des enfants), celle d'un intime réclamant ses droits et voulant faire entendre son exigence. Puisque ce qui importe est de faire passer, de l'un à l'autre, entre eux et déployant cet *entre*, la qualité d'un échange sans plus que celui-ci n'ait d'objet, cette parole tient sa légitimité, non pas de ce qu'elle livre un message, mais de ce qu'elle assure (rassure) de l'«auprès»; de ce qu'elle communique, non pas une information, mais de l'entente. Ce «babil» est aussi stendhalien. De Mme de Rênal et de Julien: «Ils se parlaient sans cesse, et avec un intérêt extrême, quoique toujours de choses fort innocentes.»

Car ce babil, d'autre part, est «intarissable», comme le dit déjà Rousseau. En faisant de son renouvellement continu son prédicat premier, Rousseau tire en effet la conséquence de ce que l'un va compensant l'autre: cette parole, n'étant commandée par aucune nécessité ou même seulement quelque intention, n'a pas non plus de raison de s'arrêter. Le propre du «babil» est de s'écouler, il s'écoule comme une source irriguant l'espace intime. Puisqu'elle ne cherche pas à dire ponctuellement ceci ou cela, qu'elle n'en a même pas dit davantage après qu'avant (elle n'est pas «discours»), cette parole ne peut que continuer à dire, ou plutôt à «entretenir». L'alliance est toujours à réitérer. N'étant

motivée que d'elle-même, elle ne se laisse pas mesurer
par un objet (du dire) et ne fait toujours, au fond, que
débuter. On ne fait toujours que balbutier l'intime,
tant on ne cesse d'avoir à ouvrir du dedans – du «plus
dedans» – dans l'«à deux». Cette parole, au fil des jours,
ne lasse pas parce qu'elle reste inchoative et qu'elle a
toujours à œuvrer. «Babil» n'est pas bavardage.

Je retrouve d'ailleurs dans l'œuvre d'un penseur
chinois comme Zhuangzi, non pas à propos de l'intime,
bien sûr, puisque la possibilité d'un creusement sub-
jectif de l'humain n'y est pas aperçue, mais à propos de
ce qu'il appelle *tao*, la «voie», des cohérences qui vont
également en ce sens et pourront faire image ; et même
qui permettraient de pousser plus loin l'analyse. Car il
s'agit, là aussi, de dévier d'une parole qui veut dire et
se donne un objet – le *tao* ne se «disant» pas, n'étant
pas «quelque chose», mais «opérant» par évidement –
de façon à laisser paraître une autre ressource de la
parole, échappant à l'assignation : parole «parlant sans
parler» *(yan wu yan* 言无言*)*, ou référant sans référer
(selon la formule : «que, là où il n'y a pas référence, il
y ait référence» ; et «que, là où il y a référence, il n'y
ait pas référence»), c'est-à-dire parole sans visée, mais
ne cessant de «laisser passer». Parole «oscillante» ou
«fluctuante», dit Zhuangzi, à l'image du gobelet qui,
plein, s'incline et va se vidant et, vidé, se redresse *(zhi
yan* 卮言*)*, donc qui ne se stabilise d'aucun côté, mais,
ne cessant de se déverser, peut seule laisser capter, à
travers elle, le cours en mutation infinie des choses.
Ainsi peut-on «parler tout le jour sans avoir jamais
parlé», mais aussi «ne parlant pas, ne pas n'avoir pas
parlé» : parole «au fil des jours», déversant au gré,

sans s'arrêter, et qui est exemplaire, par sa stratégie, de la façon dont l'intime peut, non pas se dire, mais « s'épancher ».

Car parole et silence s'équivalent foncièrement touchant l'intime, l'intime résorbe leur différence. On peut aussi bien se taire que parler : se taire alors n'est pas du mutisme, pas même de la réserve ; et parler, même pour ne rien dire, n'est pas bavard. À la fois le silence est devenu un élément parfaitement conducteur, comme on parle de corps conducteur en physique, laissant la moindre vibration se propager de l'un à l'autre ; et la parole exerce une fonction tacite qui est, à propos de quoi que ce soit et quoi qu'on dise, de faire entendre l'alliance et de la resceller. Se dégageant de la frontalité du dire comme de son contraire, se taire, l'un et l'autre, parole et silence, opèrent alors obliquement et conjointement pour générer la connivence, tissant la tente ou le dais invisible sous lesquels se déploie l'à deux.

Intime/extime, ou d'une dialectique
de l'intensité

Du « vivre à deux », qu'ai-je été conduit néanmoins à laisser tomber, chemin faisant, en suivant l'intime, qu'ai-je été porté à négliger, dont l'intime nous a fait bifurquer, n'en devenant plus qu'un côté ? Mais l'autre, passé sous silence ? Quel est cet autre « côté » ? En nous enfonçant ainsi dans l'intime, qu'avons-nous délaissé qui, dès lors, le menace ? Ou, dit autrement, n'y a-t-il pas risque que, l'intime s'enfermant dans sa logique, quelque chose lui échappe qui se retournerait ensuite contre lui et, de ce refoulement, le minerait ? Si l'intime est cette expérience limite faisant tomber la frontière entre l'Autre et soi, dehors et dedans, au sein d'un dedans partagé, ne faudrait-il pas repenser le statut de cette Extériorité adverse, désormais quittée, pour y confronter à nouveau l'intime, mais ouvertement cette fois – résolument – et pouvoir maintenir ainsi celui-ci dans son exigence ? Cela afin d'éviter que, se laissant oublier ce contre quoi il s'est battu, l'intime ne s'oublie lui-même dans sa suffisance ; et que « le plus dedans », se fermant à la vertu du Dehors, ne se cloître *en dedans qui s'étiole. Afin d'éviter, en somme, que le dehors ne puisse plus être à même d'aviver le dedans, en jouant sa partie avec lui : que le désir soit tué par la connivence ou que l'entrée dans la pénétration n'ait plus lieu.*

Plutôt donc que de penser à l'enfouir, il faut récupérer ce « laissé de côté », dont l'intime s'est écarté, et songer à conférer un statut à ce négatif de l'intime : à lui aménager sa place et que celle-ci soit entière. Non donc par tolérance, ou fonction d'exutoire, mais bien pour qu'il coopère. Si l'intime oriente le vivre à deux en « douceur » métaphysique (la tendresse de l'épanchement), s'il incline la pénétration en partage d'où vient la connivence, il détourne du même coup de cette extériorité sur laquelle s'appuie l'érotique. Que le contraire de l'intime soit l'indifférence (ou que le contraire de l'Autre soit « autrui »), le contradictoire de l'intime, en revanche, est la violence – elle que réclame et dont a besoin le Désir. Erôs exige que l'Autre soit traité et maintenu en étranger, qu'on ne pactise pas avec lui, qu'on n'édulcore en rien la relation engagée, mais qu'on la veuille aiguisée, brutale. Bref, que la frontière séparant l'Autre et soi, dehors et dedans, ne soit pas seulement préservée, mais encore exhibée, exacerbée, de sorte qu'elle puisse être d'autant mieux, i.e. d'autant plus puissamment – effrontément – franchie.

J'appellerai « extime » cette façon voulue et résolue de remettre de l'extériorité dans l'intime ; autrement dit, de rétablir de la frontière dans cet « entre » ouvert par l'intime et de l'afficher – non seulement de l'afficher, mais de l'activer : de sorte que non seulement l'intime se rééprouve par tension avec son opposé,

*se lavant dans son autre, mais aussi, ou plutôt d'abord,
que place soit faite à l'agression dont se nourrit le
Désir. L'extime procède donc de la volonté – ou ne
serait-ce pas plutôt nécessité ? – de renvoyer temporairement l'« Autre » dans son rôle et « de son côté »,
de refuser momentanément la douceur et de barrer la
route à la complicité, bref de faire ressurgir la séparation, de sorte qu'il puisse y avoir provocation : à
partir de quoi seul peut naître cette incitation du désir.
Si l'intime est le temps de l'enfoncement infini, dans
l'infini, l'extime est celui de l'excitation subite. Ou
bien l'extime est « d'avant » et l'intime est « d'après »,
mais l'extime renaît de l'intime. Il est l'autre façon de
refuser l'indifférence à l'Autre, qu'entamait l'intime,
mais, cette fois, en faisant de la frontière à pénétrer le
lieu d'une violence et d'un affrontement.*

*Ce n'est donc pas que le désir s'use avec le temps,
comme on l'a tant dit – banalité morose ; mais simplement qu'il faut rétablir sans concession du Dehors
pour que la douceur de l'intime n'étouffe pas la possibilité du désir. C'est pourquoi il faut oser l'extime
comme il a fallu oser l'intime. Que cette extériorité
affichée, d'ailleurs, ait dès lors quelque chose de théâtral ne gâte rien. Car cette extériorité de l'extime n'est
plus une extériorité première ou « naturelle », mais
elle est produite, a quelque chose de ludique, chacun
est dans son rôle et d'autant mieux tenu par lui que
cela est choisi – que cela est gratuit. Cette extériorité a quelque chose d'essentiellement joyeux parce
qu'elle est décidée ; voire, c'est son caractère outré qui
libère. Qu'il s'agisse, par conséquent, d'entamer ou de
raviver la frontière d'avec l'Autre, l'intime et l'extime*

coopèrent entre eux en ne laissant pas la frontière là, platement comme elle est, en ne laissant pas chacun dans son « étale », morne, de son côté. J'appelle donc « extime » cet autre (cet Extérieur) avec quoi l'intime entre en rapport dialectique, s'active et se relance. Car, de même que l'intime a conduit à dialectiser entre ses deux côtés, d'essence interne (de « privauté ») et de relation à l'Autre, il faudra apprendre à dialectiser l'intime avec son opposé : cela pour qu'il y ait un « avant » et un « après » qui se renouvellent et que l'intime, de l'un à l'autre, puisse progresser.

Dans la littérature, finalement assez rare, qui sait ouvrir le sexuel sur le métaphysique et qui est aux antipodes de la littérature érotique de divertissement, condamnée qu'est celle-ci à la répétition orgasmique, on trouve, selon une logique imparable, la scène où de la tendresse de l'intime naît en retour le sursaut de l'extime, l'un se tendant par l'autre (on voit cela dans le genre Histoire d'O, préfacée par Paulhan, mais on pourrait faire tellement mieux...). Quand il affiche qu'il ne pactisera pas avec elle, mais la soumettra sans pitié (qu'il lui impose le plus rudement la loi de son désir, l'humilie et la brutalise, etc.), ils ne jouissent pas seulement de ce que chacun tient son rôle avec d'autant plus de rigueur qu'il doit faire face au rôle adverse, ou bien de quelque sado-masochisme primaire ou simplement du plaisir élémentaire de l'inversion, mais aussi, ou plus essentiellement (cela, qui précède, n'étant plutôt que prétexte et couverture), de ce que l'alliance, entre eux, puisse aller jusque-là – de la force du Pacte : de ce qu'ils soient « à deux » pour l'oser. De ce que l'intime, entre eux, puisse oser cela :

jouer avec son négatif, s'approfondir dans et par son contraire. Ils fêtent, par cette résurgence volontaire, la plus brutale, de la frontière, leur victoire sur la frontière piétinée. Comme l'intime défait tout événementiel, ils se recréent théâtralement, entre eux, « en privé », à point nommé, l'abrupt de l'affrontement. Ils sont heureux surtout de ce que, par ce festoiement de l'extime, ils s'assurent que la douceur de l'intime pourra ne pas s'étioler.

Si c'est à Lacan qu'on doit le concept d'« extime », on comprendra donc que je ne sois pas conduit à tirer celui-ci dans le sens que je crois en percevoir chez lui : notamment celui de désigner un niveau de stimulation « à la fois recherché et évité » en pointant vers la centralité d'une zone où le plaisir serait trop intense (la « vacuole ») et qui constitue « ce qui nous est le plus prochain, tout en étant extérieur » (dans D'un Autre à l'autre). Car, dès lors que l'extime ne servira plus à décrire la seule dialectique interne au plaisir, mais qu'on l'emploie à penser le « vivre à deux », il se compose alors avec l'intime d'une façon qui seule, dans son art de violenter celui-ci pour le servir, pourra faire ressortir cette ressource intime de l'intime. L'extime est l'intime se retournant contre l'intime pour s'éprouver dans et par son contraire. Dans la mise en scène de l'extime, telle qu'on la trouve dans les rares bons récits érotiques, si je l'offre aux autres, c'est pour mieux faire paraître qu'elle m'appartient en propre ; si je la fais poser là comme une chose, chose parmi les choses, c'est pour mieux révéler sa subjectivité infinie ; si je la traite sans la moindre pudeur ni retenue, avec une familiarité effrontée, c'est pour montrer qu'elle est riche d'une vérité inatteignable. Et bien sûr, comme dans toute bonne dialectique, c'est celui qui « domine » qui est au service.

Ainsi l'extime est-il le viol volontaire et organisé de l'intime, visant à ce que l'intime affirme d'autant mieux sa virulence, se réveille (se retende) et ne s'affaisse pas. L'extime est l'intime retourné et porté à l'extérieur, auquel on impose de s'exposer. L'extime l'extrait ainsi de lui-même pour forcer la frontière dedans/dehors, mais cette fois en sens contraire, retournant la pénétration en effraction et portant cet intime, au moment même où il se livre le plus intérieurement, à s'exhiber en s'inversant. Car si l'intime aime le discret, privilégie le retrait, dans la mise en scène de l'extime, en revanche, il s'agira de ne tolérer plus aucun voile ni aucune ombre, non seulement de la montrer nue mais de faire aussi qu'elle se montre à elle-même dans sa nudité, elle-même devenant pour elle-même, sortant d'elle-même, un spectacle. Ou si l'intime s'accommode du non-dit, aime l'entente tacite et privilégie l'implicite, il y aura plaisir diabolique en revanche (ou ne serait-ce pas plutôt nécessité ?), dans la mise en scène de l'extime, à tout expliciter et expliquer : à ne rien passer sous silence de ce qui lui arrive, lui disant les choses en face et sans pitié, avec les mots les plus tranchants et qui ne biaisent pas, et « mettant les points sur les i ».

Car que le dedans coïncide avec le dedans, et le dehors avec le dehors, tout est là, présent, à sa place, mais rien n'émerge, tout est morne, tout est mort, rien ne (se) passe : il n'y a plus que de l'étale et plus d'essor. Mais l'extime répondant à la pénétration de l'intime et *le repoussant au-dehors fait sortir de cette fastidieuse adéquation.* Tel est notamment cet extime faisant ressortir l'intime que met en tableau Courbet en peignant l'*Origine du monde* (possédé et fétichisé, comme on sait, par Lacan). La scène n'est pas obscène (l'obscène est facile et se contente de peu), c'est même en quoi elle est violente, mais suscite un vertige métaphysique du seul fait que l'intime est montré là, comme si de rien n'était, comme s'il se laissait objectiver, rigoureusement et de façon neutre (le fameux «réalisme» de Courbet) – comme serait tout le reste. Aussi que le titre en soit l'«Origine du monde» ne tient pas, de façon tant soit peu symbolique, à ce que soit présentée là la partie génitrice, mais dit bien autre chose : non seulement que la partie intime est la seule qui puisse se montrer, mais surtout que, quand elle s'expose, passe dans l'extime, c'est le monde entier qui, d'un même mouvement, émerge au regard, sort de son indifférence et se met à ex-ister.

Cela suffit à dire que l'extime ne se réduit pas à un effet de «soupape» de l'intime – ce serait là terriblement le trahir ; ni même se cantonnerait dans une fonction d'alternance. Il ne consiste pas à rétablir un peu de frontière, de sorte que chacun puisse se redonner un peu d'air, retrouver un peu de quant-à-soi. De cela, il est plutôt le contraire. Car il ne s'agit pas de réduire tant soit peu ce dedans partagé, mais de le tendre par son opposé : de sorte qu'on ne s'enlise pas dans cet «entre» ouvert par l'intime, mais que cet «entre» se réactive. Aussi, quand je dis que l'extime est «au service de l'intime», il faut s'entendre. Car, si l'intime n'appelle pas à quitter le sexuel (nul ascétisme), mais s'approfondit en lui, il n'empêche que le désir sexuel n'est pas résorbable dans l'intime ; et, d'autre part, que le commun (de la mise en commun) n'est pas le semblable : il faut promouvoir de l'écart entre nous pour que de l'entre émerge et qu'on ait encore à partager. Aussi l'extime rend-il le plus résolument l'Autre à son altérité, de sorte que soit barrée la route à l'assimilation, que l'Autre émerge à nouveau de son lointain et que je puisse le rencontrer.

En regard de quoi, on en revient à se demander : l'Amour, de ce point de vue aussi, n'est-il pas terriblement plat ? Ou bien sonore tant il est creux ? L'« amour », en effet, a comme opposé la « haine », mais ils restent séparés l'un de l'autre ; ils peuvent tendre le monde entre eux, comme déjà chez Empédocle, mais ne coopèrent pas. Qu'ils se substituent l'un à l'autre ou coexistent l'un avec l'autre, ils ne se dialectisent pas. Car que, par ambivalence d'un sujet, ils s'y rencontrent côte à côte (à la fois je t'aime et je te déteste), ils ne se mêlent toujours pas. Or c'est en quoi l'intime modifie radicalement la donne, entretenant un rapport fécond avec son opposé, l'« extime » étant à la fois produit à partir de lui et travaillant avec et pour lui en étant contre lui. C'est pourquoi aussi vivre à deux peut croiser allègrement les deux, l'intime et l'extime ; et, renouvelant l'un dans l'autre, transformant l'un par l'autre, faire émerger du vivre et l'intensifier : de sorte qu'on ne s'arrêtera pas dans l'intime, qu'on pourra pousser plus loin la « pénétration ».

Il n'empêche que l'amour a dû son succès à ce qu'il trouve son répondant dans un verbe : « aimer », verbe qui, équivoque comme il est, n'en est pas moins transitif

(« je t'aime »), se donne donc de droit un objet, se range sous la catégorie de l'acte, en tout cas de l'actif, ce qui lui reconnaît d'emblée une initiative comme une indépendance. « Je » s'appartient dans « je t'aime », affirme sa prérogative de sujet et se pose en principe (même si c'est pour ne cesser ensuite de clamer et même de jurer le contraire : « je ne suis plus moi-même », je suis « à toi », etc.). Or, significativement, « intime » n'a pas de tel verbe qui lui corresponde – « intimer » n'ayant développé du latin juridique que ce sens rare, extrême, codifiant l'intrinsèque en impératif, de « je te signifie légalement que... » (« je te notifie impérieusement de... »). Je ne peux dire que : « je suis intime avec toi » ou « nous sommes intimes ». Aussi « intime » sort-il le rapport, de ce seul fait, de toute transitivité projetée pour nous transporter d'entrée dans une relation réciproque où toi et moi se donnent sur le même pied et sont co-impliqués. Or, de ce que la relation alors soit première et non pas ce mode actif (la « voix » active) supposant l'initiative et la rection d'un « moi » et renvoyant donc fatalement l'Autre – le « toi » du « je t'aime » – dans la passivité (« tu es aimée ») ; de ce que l'Autre, par conséquent, dans l'intime, ne soit pas réduit au statut d'objet, si sublimé que soit ensuite cet objet d'investissement, il est temps de tirer les conséquences.

Il s'ensuit d'abord que, par différence avec l'Amour, l'intime n'est pas « déclaratif » – cela au sens de la fameuse « déclaration amoureuse », du « je vais lui faire ma déclaration », morceau de choix de la littérature facile, mais forcé et tôt ennuyeux. L'intime est non pas déclaratif mais résultatif : l'intime n'est pas incantatoire, mais constate le basculement *qui s'opère du dehors en dedans et mesure jusqu'où l'on est parvenu dans ce cheminement. De là aussi que, si on peut jouer à l'amoureux (Dieu sait combien on l'a fait !), on ne peut «jouer l'intime». D'autre part, je peux aimer seul, il peut arriver, comme c'est connu, que l'autre («hélas !») «ne m'aime pas», que «ma» passion ne soit pas partagée : beau vieux thème littéraire, là encore, sans guère de renouveau possible, mais qui remue toujours commodément du pathos. Or, je ne peux être intime seul; je ne peux «être intime» qu'avec un toi qui fait – ou plutôt «est» – de même, à l'unisson, cette intimité ne pouvant être qu'indivise, non seulement réciproque, mais encore impossible à dissocier : sans donc qu'on puisse l'attribuer à l'un plutôt qu'à l'autre, sans qu'on puisse plus savoir à qui d'abord cela est dû; ou cela, dès lors, est oublié. C'est en quoi la frontière s'est effectivement abolie, que la démarcation du «toi» et du «moi» s'efface. L'intime ne peut être la propriété plus de l'un que de l'autre, il ne peut être la propriété d'aucun des deux – ils s'y désappartiennent également. En quoi donc lui seul permet d'être, ou plutôt de vivre effectivement «à deux», effectif signifiant intensif. Au point que vivre en redevient aventureux, ne s'y connaît plus d'avance, n'étant plus piloté par un «moi» confiné en lui-même; et que ce qu'on a tant dit et ressassé de la vie et de sa «condition» – de la vie «comme elle est», a-t-on dit résigné – soudain sort de son assurance et s'y défait : que* vivre *à nouveau peut s'inventer.*

Table

Table

Du même auteur :

Lu Xun, écriture et révolution, Presses de l'École normale supérieure, 1979.

La Valeur allusive. Des catégories originales de l'interprétation poétique dans la tradition chinoise, École française d'Extrême-Orient, 1985, rééd. PUF, « Quadrige », 2002.

La Chaîne et la trame. Du canonique, de l'imaginaire et de l'ordre du texte en Chine, rééd. PUF, « Quadrige », 2004.

Procès ou Création. Une introduction à la pensée des lettrés chinois, Seuil, « Des travaux », 1989, et « Points essais », n° 799, 2016.

Éloge de la fadeur, Philippe Picquier, 1991, rééd. Le Livre de Poche, « Biblio », 1993, 2004.

La Propension des choses. Pour une histoire de l'efficacité en Chine, Seuil, « Des travaux », 1992, et « Points essais », n° 493, 2003.

Figures de l'immanence. Pour une lecture philosophique du Yiking, le « Classique du changement », Grasset, 1993, rééd. Le Livre de Poche, « Biblio », 1995, rééd. Seuil, « Points essais », 2012.

Le Détour et l'Accès. Stratégies du sens en Chine, en Grèce, Grasset, 1995, rééd. Le Livre de Poche, «Biblio», 1997, Seuil, «Points essais», n° 640, 2010.

Fonder la morale. Dialogue de Mencius avec un philosophe des Lumières, Grasset, 1995, rééd. *Dialogue sur la morale*, Le Livre de Poche, «Biblio», 1998.

Traité de l'efficacité, Grasset, 1997, rééd. Le Livre de Poche, «Biblio», 2002.

Un sage est sans idée. Ou l'autre de la philosophie, Seuil, «L'Ordre philosophique», 1998.

De l'essence ou du nu, photographies de Ralph Gibson, Seuil, 2000, rééd. *Le Nu impossible*, Seuil, «Points essais», n° 529, 2005.

Du «temps». Éléments d'une philosophie du vivre, Grasset, «Le Collège de philosophie», 2001, rééd. Le Livre de Poche, «Biblio», 2012.

La grande image n'a pas de forme. Ou du non-objet par la peinture, Seuil, «L'Ordre philosophique», 2003, et «Points essais», n° 619, 2009.

L'Ombre au tableau. Du mal ou du négatif, Seuil, 2004, rééd. *Du mal/Du négatif*, «Points essais», n° 551, 2006.

Nourrir sa vie. À l'écart du bonheur, Seuil, 2005, et «Points essais», n° 756, 2015.

Conférence sur l'efficacité, PUF, «Libelles», 2005.

Si parler va sans dire. Du logos et d'autres ressources, Seuil, «L'Ordre philosophique», 2006.

Chemin faisant. Connaître la Chine, relancer la philosophie. Réplique à ***, Seuil, «L'Ordre philosophique», 2007.

De l'universel, de l'uniforme, du commun et du dialogue entre les cultures, Fayard, 2008, Seuil, «Points essais», 2011.

Les Transformations silencieuses, Grasset, 2009, rééd. Le Livre de Poche, « Biblio », 2010.

L'Invention de l'idéal et le destin de l'Europe, Seuil, 2009.

Le Pont des singes. De la diversité à venir, Galilée, 2010.

Cette étrange idée du beau, Grasset, 2010, rééd. Le Livre de Poche, « Biblio », 2011.

Philosophie du vivre, Gallimard, 2011, et « Folio essais », 2015.

Entrer dans une pensée ou des possibles de l'esprit, Gallimard, 2012.

Cinq concepts proposés à la psychanalyse, Grasset, 2012, rééd. Le Livre de Poche, « Biblio », 2013.

L'Écart et l'entre, Galilée, 2012.

Vivre de paysage ou l'Impensé de la Raison, Gallimard, « Bibliothèque des idées », 2014.

De l'être au vivre : lexique euro-chinois de la pensée, Gallimard, « Bibliothèque des idées », 2015.

Près d'elle : présence opaque, présence intime, Galilée, 2016.

Vivre en existant : une nouvelle éthique, Gallimard, « Bibliothèque des idées », 2016.

Le Livre de Poche s'engage pour
l'environnement en réduisant
l'empreinte carbone de ses livres.
Celle de cet exemplaire est de :
400 g éq. CO_2
Rendez-vous sur
www.livredepoche-durable.fr

PAPIER À BASE DE
FIBRES CERTIFIÉES

Composition réalisée par PCA

Imprimé en France par CPI
en octobre 2016
N° d'impression : 2025215
Dépôt légal 1re publication : septembre 2014
Édition 03 - octobre 2016
LIBRAIRIE GÉNÉRALE FRANÇAISE
21, rue du Montparnasse - 75298 Paris Cedex 06